AF318007

CATALOGUE

D'UNE BELLE COLLECTION

D'OBJETS D'ART

ET DE HAUTE CURIOSITÉ,

TELS QUE

Antiquités Égyptiennes, Grecques et Romaines, Médailles,

BRONZES

Florentins des XVe et XVIe siècles, Statues en bronze moderne,

ÉMAUX DE LIMOGES,

Ivoires sculptés, Faïence Italienne et de Bernard Palissy, Vitraux, Laque du Japon et Chinoiseries, Porcelaines de Chine, montées et non montées, Meubles en marqueterie de Boule, Meubles en bois sculpté du XVIe siècle, etc.,

TABLEAUX,

Dessins, Miniatures, Fixés, Peintures Chinoises et Indiennes, Manuscrits et Estampes, Livres à figures et sur les Arts;

Composant le Cabinet de feu M. le baron BRUNET-DENON,

DONT LA VENTE AURA LIEU

Le 2 février 1846, et jours suivants,

RUE DES JEUNEURS, 16,

HOTEL DES VENTES MOBILIÈRES,

SALLE N° 2,

Par le ministère de Me BONNEFONS DE LAVIALLE, Commissaire-Priseur, à Paris, rue de Choiseul, 11,

Assisté { de MM. DEFER, quai Voltaire, 19, ROUSSEL, rue des Saints-Pères, 38, } Experts.

Chez lesquels se distribue le présent Catalogue.

EXPOSITION PUBLIQUE

LE SAMEDI 31 JANVIER ET DIMANCHE 1er FÉVRIER 1846.

PARIS — 1846.

ORDRE DES VACATIONS.

Du lundi 2 au lundi 9 février,

Ire A VIIe VACATION.

Les Antiquités, Curiosités et Objets d'art.

Du mardi 10 au lundi 15 février,

VIIIe A XIIIe VACATION.

Les Tableaux, Dessins, Estampes et Livres.

Nota. On suivra l'ordre numérique indiqué au Catalogue.

Les acquéreurs paieront cinq pour cent en sus des enchères, applicables aux frais.

DÉSIGNATION
DES OBJETS.

PREMIÈRE VACATION.

Lundi 2 février.

BOIS SCULPTÉS, ÉMAUX DE LIMOGES, BRONZES, FAIEN-CES DE FAENZA ET DE PALESSY, MEUBLES ET OBJETS DIVERS.

1. Bois sculpté. — Bas-relief représentant la Charité; travail du seizième siècle.

2. Bois sculpté. — Deux cariatides provenant d'un ancien meuble.

3. Ebène sculpté. — Sept frises ornées de bas-reliefs à sujets mythologiques et d'arabesques.

4. Bois sculpté. — Deux cariatides provenant d'un meuble ancien.

5. Albâtre de Lagny. — Deux bas-reliefs représentant l'un Jésus exposé au peuple, l'autre le crucifiement; travail du seizième siècle, cadre doré du temps.

6. Ebène sculpté. — Deux figures d'appliques Bellone et Vénus.

7. Bois sculpté. — Une table démontée, du temps de Louis XIII, avec incrustations d'ébène et d'ivoire, pieds à colonnes torses.

1

8. Bois sculpté. — Un petit bahut du seizième siècle.

9. Plâtre. — Quantité de figurines surmoulées les unes d'après l'antique, les autres d'après des sculptures modernes, seront vendues par lots.

10. Plâtre. — Quantité de bas-reliefs surmoulés d'après l'antique et d'après des ivoires du moyen-âge.

11. Terre cuite. — Petite statuette d'une jeune femme debout, tenant un enfant par la main. H. 35 c.

12. Bois sculpté. — Différentes pièces, cariatides, bas-reliefs et frises, provenant d'un meuble du seizième siècle.

13. Bois sculpté. — Frise, corniche et divers débris; travail flamand.

14. Faïence de Faenza. — Trois assiettes ornées de bustes d'hommes et de femmes avec date de 1547.

15. Faïence de Faenza. — Plat rond à grisailles rehaussées de jaune et de vert, sujet historique.

16. Faïence de Faenza. — Autre plat du même genre, représentant un sacrifice, date de 1524.

17. Faïence de Faenza. — Deux plats, l'un à grisaille sur fond bleu, trophées d'armes et de musique, et l'autre représentant un sujet tiré de l'Ancien Testament.

18. Faïence de Bernard Palissy. — Plat ovale en

travers, représentant le lavement des pieds.

19. Faïence de Faenza. — Petit plat rond, sujet d'histoire romaine.

20. Bois sculpté. — Tête du chanoine Guy Mergey de Troyes, sculptée par Gentil en 1570 : cette tête curieuse dont la coiffure se lève à charnière, semble avoir eu une destination qui nous est inconnue. (Ephémérides troyennes 1762.)

21. Terre cuite de Clodion. — Buste de bacchante sur fût de colonne en marbre vert de mer, orné de bronze doré.

22. Terre cuite de Clodion. — Jeune bacchante, dansant en jouant des cymbales, figure très gracieuse et bien conservée. Hauteur 46 c.

23. Terre de pipe. — Figurine représentant un petit ramoneur.

24. Bronze florentin. — Un masque d'enfant, ouvrage du seizième siècle.

25. Faïence de Faenza. — Petite coupe ronde avec peinture, représentant la naissance d'un enfant.

26. Faïence de Bernard Palissy. — Grande figure représentant Neptune sur un cheval marin. H. 28 c.

27. Bois sculpté. — Petit meuble du seizième siècle, à hauteur d'appui, fermant à deux ventaux et garni de deux tiroirs. H. 96 c., larg. 1 m. 19 c.

28. Bois sculpté. — Meuble crédence du seizième siècle, décoré de colonnettes, de bas-reliefs

et de figures. H. 1 m. 56 c., larg. 1 m. 20 c.

29. Bois sculpté. — Bahut gothique fermant à deux ventaux. H. 95 c., larg. 1 m. 30.

30. Terre peinte. — Deux figurines homme et femme avec costumes napolitains; très belle exécution. H. 45 c.

31. Terre peinte. — Une autre figurine de femme du même travail. H. 39 c.

32. Terre cuite. — Bas-relief circulaire, représentant Vénus et Adonis. Diamètre 32 c.

33. Terre cuite. — Grand bas-relief, carré-long en travers, ouvrage de Clodion, représentant le Triomphe de Flore, très belle composition d'un grand nombre de figures. Hauteur 31 c., larg. 90 cent.

34. Bois sculpté. — Beau bahut gothique, orné de colonnettes et de bas-reliefs. Haut. 85 c., larg. 1 m. 52 c.

35. Bronze florentin. — Sirène assise sur une figure chimérique, du seizième siècle. Hauteur 33 c.

36. Marbre bleu turquin. — Deux lions couchés, très bon travail. Haut. 22 c., long. 30 c.

37. Etain. — Deux petites assiettes représentant en relief les électeurs d'Allemagne.

38. Bronze. — Quatre médaillons représentant Charles IX, Henri II, Henri III et Catherine de Médicis.

39. Bronze. — Bas-relief représentant la sainte famille.

40. Bronze. — Bas-relief carré long, allégorie à

l'industrie, aux sciences et aux arts, au
centre le portrait de M. V. Denon.

41. Albâtre. — Bas-relief du seizième siècle, représentant l'Annonciation de la Vierge, cadre
noir et doré.

42. Faïence de Faenza. — Bassin rond et à côtes,
décoré d'arabesques en dedans et en dehors,
au centre un médaillon représentant Persée
et Andromède.

43. Faïence de Faenza. — Grand plat rond décoré
d'arabesques du meilleur style.

44. Bois. — Deux petites tables à pieds tors, couvertes en damas de soie rouge.

45. Bronze florentin. — Chien assis, bronze d'une
grande finesse et d'une belle couleur.

46. Faïence de Bernard Palissy. — Petit plat
creux, décoré d'arabesques en couleur sur
fond bleu. Diamètre, 21 c.

47. Faïence de Bernard Palissy. — Autre plat à
arabesques découpées à jour enrichies de
mascarons en relief. Diamètre 24 c.

48. Faïence de Faenza. — Plat représentant Jacob donnant la bénédiction à ses enfants.

49. Biscuit Wedgwood. — Pot à eau et sa cu-
vette, à ornements blancs en relief sur fond
brun.

50. Faïence de Faenza. — Deux fragments de vases
avec peintures à figures dans des cadres partie noire et doré.

51. Faïence de Lucca della Robbia. — Très beau
bas-relief représentant la Vierge tenant l'en-

fant Jésus et entourée d'anges, relief blanc sur fond bleu, pièce remarquable. Haut. 79 c, larg. 50 c.

52. Faïence de Bernard Palissy. — Bras de cheminée formé par un buste d'homme en basrelief.

53. Email de Limoges. — Couvercle de coupe avec peinture grisaille très fine sur fond bleu, représentant des bustes d'homme et de femme et des personnages à cheval. Diamèt. 20 c.

54. Email de Limoges. — Cinq plaques carrées représentant des saints; cadres en bois doré. Haut. 23 c., larg. 16 c.

55. Bois sculpté. — Deux chaises à dossiers ornés d'arabesques en relief.

56. Email de Limoges. — Quatre petites assiettes à peintures grisailles représentant des têtes d'empereurs romains et des sujets; au revers des arabesques. Diamètre 19 c.

57. Marbre portor. — Deux fûts de colonnes, à moulures, en marbre blanc. Haut. 30 c., diamètre 8 c.

58. Verre de Venise. — Un petit plateau et un couvercle de coupe à filigrane blanc.

59. Faïence de Bernard Palissy. — Vase de forme ovale orné de bas-reliefs et d'arabesques couverts d'un bel émail fin. Haut. 14 c., diamètre 20 c.

60. Faïence de Bernard Palissy. — Grand plat ovale à reptiles. Longueur 56 c.

61. Faïence de Bernard Palissy. — Autre plat

rond à reptiles, belle épreuve. Diam. 43 c.

62. Faïence de Faenza. — Plat rond décoré d'arabesques. La bordure offre six cavités dans lesquelles sont représentés des amours sur fond de couleurs variées. Diamètre 39 c.

63. Bois sculpté. — Deux figures de saints peintes et dorées, travail allemand du seizième siècle.

64. Faïence de Bernard Palissy. — Beau plat rond offrant à l'intérieur trois médaillons où sont représentés des dieux du paganisme ; les intervalles qui les séparent sont occupés par des mascarons et des fruits. Diamètre 35 c.

65. Faïence de Bernard Palissy. — Plat ovale en hauteur, représentant le Baptême de saint Jean.

66. Faïence de Faenza. — Petit plat rond représentant Samson enchaîné.

67. Faïence de Bernard Palissy. — Plat rond, grand modèle, Persée et Andromède. Diamètre 30 c.

68. Faïence de Bernard Palissy. — Le Vielleur, figurine debout, sur pied triangulaire orné de figures ailées et de mascarons en relief. Haut. 35 c.

69. Faïence de Bernard Palissy. — Plat ovale en travers, la belle Jardinière.

70. Faïence de Faenza. — Petit plat représentant un sacrifice.

71. Faïence de Bernard Palissy. — Petit plat rond représentant Persée et Andromède.

72. Faïence de Bernard Palissy. — Un autre plat ovale en hauteur, représentant le Baptême de saint Jean.

73. Terre cuite dé Clodion. — Une Bacchante dans l'ivresse, figure pleine de grâce et d'expression. Haut. 55 c.

74. Bois sculpté. — Grande et belle table du seizième siècle, dont le pied à consoles doubles est très riche de sculptures, avec galerie d'entre-jambes sculptée; le dessus est incrusté de filets en ivoire. Haut. 85 c., long. 1 m. 57 c., larg. 89 c.

75. Email de Limoges. — Jolie assiette à peinture grisaille teintée, représentant un des mois de l'année.

76. Email de Limoges. — Une autre assiette à peu près semblable.

77. Email de Limoges. — Quatre jolies assiettes à grisailles teintées représentant des mois de l'année, les bords sont ornés d'arabesques, au revers sont des têtes d'empereurs romains.

78. Faïence de Bernard Palissy. — Plat ovale à salières, avec quatre figures de génies en relief. Larg. 33 c.

79. Faïence de Bernard Palissy. — Autre plat ovale à salières et arabesques découpées à jour. Long. 30 c.

80. Faïence de Bernard Palissy. Grand et beau plat rond surmoulé d'après un plat d'étain de Briot, objet rare et précieux. Diamèt. 42 c.

81. **Faïence de Faenza.** — Un plat rond, fracturé, représentant un sujet de l'histoire romaine.

82. **Faïence de Bernard Palissy.** — Plat ovale sans ornement; émail marbré.

83. **Faïence ancienne de Rouen.** — Un plateau et une aiguière décorés d'arabesques.

84. **Faïence ancienne de Rouen.** — Une grande aiguière.

85. **Grès gris de Flandre.** — Une cruche, offrant en relief des empereurs romains, avec date de 1577.

86. **Grès gris de Flandre.** — Une autre cruche de même fabrique, ornée d'arabesques et figures en relief, date de 1589.

87. **Grès gris de Flandre.** — Deux petites cruches avec ornements en relief émaillés en bleu et violet.

88. **Grès gris de Flandre.** — Une écritoire très riche d'ornements émaillés en bleu et violet.

89. **Grès gris de Flandre.** — Un pot à bière et une théière, ornements émaillés de bleu, et couvercle en étain.

90. **Faïence ancienne.** — Chaufferette à ornements en relief émaillés en couleurs variées sur fond jaune.

91. **Biscuit de Wedgwood.** — Un pot au lait décoré de fleurs émaillées sur fond noir, et une théière en porcelaine de Chine.

92. **Grès de Flandre.** — Deux cruches, l'une ornée de bas-reliefs, avec date de 1594, et

l'autre seulement décorée d'ornements émaillés en bleu.

93. Grès de Flandre. — Cruche émaillée, plus une petite aiguière en verre.

94. Verre. — Une burette double à ornements gravés.

95. Verre. — Deux gobelets à filigranes blancs et roses, et une coupe de forme bizarre à filigrane blanc.

96. Verre. — Verre à couvercle orné d'ornements gravés.

97. Faïence de Delpht. — Deux perroquets en pendant.

98. Bois. — Une figure de capucin, la tête est en ivoire.

99. Verre de Bohême. — Deux verres dont l'un est gravé.

100. Faïence de Rouen. — Un canard et son plateau.

DEUXIEME VACATION.

Mardi 3 février.

BRONZES, ÉMAUX DE LIMOGES, IVOIRES, VITRAUX, FAIENCE DE FAENZA ET DE PALISSY, MEUBLES, OBJETS DIVERS.

101. Miroir du seizième siècle, avec cadre orné de figures et médaillons en pâte.

102. Bois sculpté. — Sept panneaux couverts d'arabesques.

103 Bois sculpté. — Une pagaie des habitants des côtes d'Afrique.

104. Bois sculpté. — Deux siéges en bois du même pays.

105. Bronze. — Deux médaillons représentant l'un M. de Chaumont, chancelier de France, l'autre M. Mionnet, conservateur du cabinet des médailles.

106. Terre cuite de la Chine imitant le bronze. — Vase à trois pieds et deux anses, orné de mascarons.

107. Porcelaine de Chine. — Deux petits plateaux céladon, et deux petits vases craquelés.

108. Terre. — Vase en terre grise espagnole pour rafraîchir l'eau.

109. Terre cuite. — Bas-relief représentant Bonaparte au Saint-Bernard et le modèle d'un pied d'enfant.

110. Corne. — Bas-relief représentant la Vierge et l'enfant Jésus.

111. Fer fondu.— Hausse-col avec bas-relief représentant un combat de cavalerie, plus une escarcelle du même travail.

112. Bois sculpté et doré. — Cadre pour crucifix; travail du temps de Louis XIII. Haut. 60 c.

113. Cuivre repoussé. — Bas-relief représentant saint Sébastien, cadre en bois noir; et un bas-relief rond en bronze représentant Jupiter et Léda.

114. Faïence de Rouen. — Deux vases représentant un geai et un faisan.

115. Marbre vert de mer. — Une pendule forme de piédestal.

116. Marbre vert de mer. — Deux fûts de colonnes. H. 16 c.

117. Porphyre de Suède. — Deux fûts de colonnes.

118. Granit orbiculaire de Corse. — Socle carré long, monté en bronze doré.

119. Faïence de Faenza. — Cinq petites assiettes à bustes de femmes.

120. Faïence de Faenza. — Petit plat festonné offrant le jugement de Salomon.

121. Faïence de Faenza. — Deux autres, l'incendie de Troie et l'échelle de Jacob.

122. Argent doré. — Un cerf sur socle en porphyre rouge oriental.

123. Faïence de Faenza. — Trois assiettes avec peintures représentant la Pêche miraculeuse, et deux sujets mythologiques.

124. Bronze florentin. — Deux jolies statuettes en pendants, Bacchus et Mercure, sur piédestal en marbre jaune de Sienne. Haut. 22 c.

125. Faïence de Faenza. — Petit plat festonné, décoré d'arabesques avec sujets en grisaille.

126. Faïence de Faenza. — Deux autres, l'un avec sujet tiré de l'Ancien Testament, et l'autre à ornements, émail à reflets métalliques.

127. Faïence de Faenza. — Un autre orné de deux bustes.

128. Émail de Limoges colorié. — Médaillon ovale

représentant la Vierge, l'enfant Jésus et le petit saint Jean.

129. Email de Limoges colorié. — Les douze empereurs romains; médaillons ronds très fins.

130. Émail de Limoges. — Deux couvercles de coupes, ornés de bustes en grisaille, sur fond bleu et brun. Diamètre 20 c.

131. Ivoire sculpté. — Bas-relief représentant deux anges tenant la Véronique ou sainte Face.

132. Faïence de Faenza. — Médaillon ovale orné de mascarons en relief, avec sujets historiques au centre.

133. Faïence de Faenza. — Petit plateau rond à pied élevé, orné d'arabesques émaillées en jaune sur fond blanc.

134. Faïence de Faenza. — Encrier ovale décoré d'arabesques.

135. Faïence de Faenza. — Petit plat avec sujet tiré de l'Ancien Testament.

136. Faïence ancienne. — Deux aiguières très élégantes de formes et riches d'ornements, émaillées en brun jaunâtre. Haut. 30 c.

137. Faïence ancienne. — Deux vases ornés de mascarons, d'anses et de guirlandes de fruits.

138. Terre cuite de Clodion. — Beau bas-relief de forme circulaire, représentant des bacchantes et des amours, cadre doré. Diamètre 35 c.

139. Buis sculpté. — Groupe de deux enfants; travail flamand.

140. Terre cuite. — Petit bas-relief représentant des jeux d'enfants.

141. Bois sculpté. — Vénus et l'Amour, groupe de deux figures sculptées dans le même bloc de bois; travail allemand. Haut. 51 c.

142. Bronze. — Le buste d'Homère, sur piédouche en marbre.

143. Biscuit. — Le buste de Bonaparte.

144. Dito. — Bas-relief à reliefs blancs sur fond bleu, représentant Vénus et les amours; cadre doré.

145. Bois sculpté. — Un meuble à hauteur d'appui fermant à deux ventaux, très riche d'ornements; travail du seizième siècle. Haut. 1 m. 10 c., larg. 98 c.

146. Bronze. — Vénus accroupie, moulée sur la statue antique du Musée royal. Haut. 74 c.

147. Bronze. — Le Tireur d'épines, statue moulée sur celle qui est conservée dans la collection du Capitole. Haut. 73 c.

148. Bronze. — Statue d'un jeune homme debout, invoquant les dieux, moulée sur la belle figure qui appartient au roi de Prusse. Haut. 1 m. 34 c.

149. Bronze. — Tête de Bacchus indien, moulée sur l'antique. Haut. 65 c.

150. Bronze. — Tête d'Hercule jeune, moulée sur l'antique, piédouche en marbre. Haut. 56 c.

151. Bronze. — Buste d'Alexandre-le-Grand, moulé sur l'antique, piédouche en marbre portor. Haut. 73 c.

260 – 152. Bronze. — Buste présumé de Bérénice, femme
de Ptolémée, moulé sur l'antique, piédouche
en marbre portor. Haut. 62 c.

150 – 153. Bronze. — Buste que l'on suppose représenter
Ptolémée Soter II, moulé sur l'antique, piédouche en brèche africaine. Haut. 73 c.

154. Bronze. — Buste présumé du philosophe Sé-
nèque, moulé sur l'antique, piédouche en
granit vert des Vosges. Haut. 49 c.

305 – 155. Bronze. — Buste d'homme portant une barbe
courte, supposé celui du philosophe Héra-
clite, piédouche en portor. Haut. 71 c.

130 – 156. Bronze. — Buste en Hermès du Bacchus indien.
Haut. 52 c.

110 – 157. Bronze. — Tête d'un jeune homme inconnu
dont le regard est dirigé vers la droite : piédouche en granit. Haut. 70 c.

136 – 158. Bronze. — Tête de jeune homme un peu incli-
née; piédouche en marbre veiné. Haut.
52 c.

Tous les bronzes que nous venons d'indiquer sont décrits dans le catalogue de la
collection de M. V. Denon, dont ils faisaient
partie.

159. Faïence de Faenza. — Grand et beau plat
rond, représentant un sujet de l'histoire romaine, d'après Jules Romain, cadre noir à
filets d'or. Diamètre 45 c.

460. 160. Cire. — Deux bas-reliefs représentant des bacchanales, genre de Clodion; cadre en bois
doré.

161. Émail de Limoges. — Peinture grisaille représentant Vulcain, plaque demi-cylindrique émaillée sur la partie concave; cadre doré. Haut. 23 c., larg, 13 c.

162. Émail de Limoges. — Deux couvercles de coupes, l'un orné de portraits, l'autre à médaillons grisailles avec sujets tirés de l'Ancien Testament.

163. Ivoire sculpté. — Très beau triptyque gothique, dont chaque volet, divisé en deux compartiments, est orné de bas-reliefs, à sujets de la Passion; travail fin et de beau style.

164. Verre peint. — Deux vitraux grisaille, sujets tirés de l'histoire de Daniel, avec riches entourages d'arabesques rehaussées de couleurs variées portant la date de 1612. Haut. 77 c., larg. 45 c.

165. Verre peint. — Petit châssis composé de trois grisailles de forme ronde, représentant des sujets de sainteté et plusieurs petites têtes, fragments de vitraux. Haut. 52 c., larg. 45 c.

166. Verre peint. — Autre petit châssis composé de trois grisailles à sujets de sainteté, et de quatre petites peintures représentant des animaux. Haut. 52 c., larg. 45 c.

167. Verre peint. — Grand vitrail colorié, personnages en prière, avec entourages d'arabesques grisailles teintées de jaune. Haut. 73 c., larg. 1 m. 5 c.

168. Verre peint. — Quatre châssis : réunion de

têtes de saints personnages, sur fond rouge. Haut. 53 c., larg. 48 c.

162—169. Verre peint. — Petit vitrail suisse avec sujet au centre et entourage d'armoiries, date de 1636. Haut. 37 c., larg. 30 c.

83—170. Verre peint.—Autre vitrail suisse à armoiries, date de 1630. Haut. 39 c., larg. 25 c.

171. Verre peint. — Châssis composé d'un vitrail suisse, un médaillon ovale avec oiseaux, et huit fragments, têtes de saints, sur fond rouge. Haut. 55 c., larg. 49 c.

172. Verre peint. — Autre châssis composé d'un vitrail suisse, date de 1622, et divers fragments sur fond rouge. Haut. 55 c.; larg. 49 c.

181—173. Verre peint. — Deux vitraux coloriés : saint Martin donnant la moitié de son manteau à un mendiant, et un saint évêque. Haut. 60 c., larg. 54 c.

121—174. Verre peint. — Deux vitraux suisses, avec armoiries portant les dates de 1574 et 1663. Haut. 35 c., larg. 25 c.

121—175. Verre peint. — Deux châssis avec grisailles rehaussées de jaune, et divers fragments. Haut. 58 c., larg. 42 c.

280—176. Verre peint.—Vitrail colorié, personnages en regard et agenouillés; au milieu, des armoiries, avec inscription allemande et date de 1492. Haut. 23 c., larg. 52 c.

220—177. Verre peint. — Vitrail suisse à plusieurs sujets superposés, tirés de l'Histoire Sainte, avec armoiries. Haut. 39 c., larg. 33 c.

178. Verre peint. — Autre vitrail suisse : un chevalier tenant un étendart ; dans le haut, deux petits sujets : le Sacrifice d'Abraham, et saint Sébastien, date de 1623. Haut. 42 c., larg. 31 c.

179. Verre peint.—Châssis composé de sept vitraux grisailles et coloriés. Haut. 68 c., larg. 55 c.

180. Verre peint. — Autre châssis composé de sept vitraux grisailles et coloriés. Haut. 68 c., larg., 55 c.

181. Verre peint. — Deux châssis composés de quatre vitraux suisses à armoiries de sujets grisailles et coloriés, et de vingt petits vitraux de diverses époques. Haut. 69 c., larg. 55 c.

182. Verre peint. — Châssis composé d'un beau vitrail suisse, portant la date de 1675, et de douze petits vitraux ou fragments formant entourage. Haut. 69 c., larg. 60 c.

183. Verre peint. — Autre châssis composé d'un vitrail suisse à hallebardiers avec petit sujet grisaille dans le haut ; plus quinze fragments et petits vitraux. Haut. 69 c., larg. 60 c.

184. Verre peint. — Châssis composé d'une belle grisaille, représentant un festin, et douze petits vitraux et fragments sur fond rouge. Haut. 69 c., larg. 60 c.

185. Verre peint. — Autre châssis composé d'un

vitrail suisse, représentant le sacrifice d'A-
braham, avec date de 1608, et douze fragments sur fond rouge. Haut. 69 c., larg. 60 c.

186. Verre peint. — Un lot de divers morceaux de
rosaces et fragments de vitraux coloriés.

187. Verre peint. — Petit vitrail rond, grisaille
rehaussée de jaune, sujet représentant un
des mois de l'année, et une autre grisaille de
même forme, Bacchus dans l'ivresse ; ce der-
nier est de fabrication moderne.

188. Verre peint. — Deux grisailles modernes,
l'une représente la sainte famille, l'autre le
portrait de Maximilien, d'après Lucas de
Leyde.

189. Verre peint. — Deux autres grisailles modernes, la Vierge de douleur et un ange
jouant d'un instrument de musique.

190. Verre peint. — Six grisailles de forme ronde,
rehaussées de jaune, représentant des sujets
de la vie du Christ, d'après Lucas de Leyde ;
fabrication moderne.

191. Marbre vert de mer. — Un piédestal.

192. Verre de Bohême. — Une coupe de forme
baroque.

193. Faïence ancienne de Rouen. — Grand plateau ovale à dessins camaïeux bleu, représentant Vénus et l'amour.

194. Marbres divers. — Piédestaux, socles et plin-
thes de grandeur et de formes variées.

195. Terre cuite. — Deux vases en terre formés
par des figures chimériques de la Louisiane

et deux petites divinités, l'une en terre et l'autre en pierre.

196. Porcelaine de Sèvres de l'Empire. — Deux assiettes fond vert avec peintures, d'après le Corrége, représentant Ganymède, Jupiter et Io.

197. Deux aliotides de Californie, l'une décapée et l'autre brute.

198. Un lot de coquillages divers.

199. Un burgau décapé et deux nautiles.

200. Un lot de coquillages variés.

TROISIÈME VACATION.

Mercredi 4 février.

IVOIRES ET BOIS SCULPTÉS, BRONZES, ÉMAUX DE LIMOGES, FAIENCE DE FAENZA ET DE PALISSY, MATIÈRES DIVERSES, OBJETS DIVERS.

201. Verrerie. — Deux petits plateaux blancs à pieds élevés.

202. Bois sculpté. — Deux râpes à tabac du temps de Louis XV, l'une est ornée d'un bas-relief et l'autre a la forme d'une nacelle.

203. Ivoire. — Trois râpes à tabac, sculptées du temps de Louis XV, ornées de bas-reliefs.

204. Porcelaine de Chine. — Deux petits vases et deux petites bouteilles à dessins bleus.

205. Porcelaine de Chine. — Deux petits cornets

à mandarin et un petit vase céladon décoré
de fleurs et d'oiseaux.

206. Ancien craquelé. — Deux vases, forme bouteille, dont un garni en bronze doré.

207. Terre de Boccaro. — Deux théières de formes
variées.

208. Ivoire. — Deux figurines, saint Jean et sainte
Marie Madeleine. H. 13 c.

209. Porcelaine de Sèvres. — Un pot à lait, du
temps de l'Empire, fond vert à médaillons
grisaille, offrant le portrait de Paul Véronèse
et celui d'Antonio Regillo, dessinés par V.
Denon.

210. Porcelaine de Sèvres. — Théière, fond bleu
de roi, décoré de fleurs.

211. Coco sculpté. — Deux poivrières ornées de
bas relief à sujets grotesques, socles en bois.

212. Terre de Boccaro grise à dessins camaïeux rouges
— Deux vases montés en pot-pourri, garnis
de bronze doré.

213. Bronze. — Deux vases, forme grecque, surmoulés d'après l'antique. Haut. 32 c.

214. Terre cuite. — Un enfant assis sur un rocher,
genre de Pigale.

215. Corne de cerf sculptée. — Poire à poudre
non montée, ornée de bas reliefs à sujets
de chasse, travail moderne.

216. Bronze. — Cheval blessé couché sur le côté,
sur terrasse en cuivre. Long. 30 c.

217. Faïence de Faenza. — Deux petits plats,
Moïse sauvé des eaux et un Sacrifice.

218. Faïence de Faenza. — Plat festonné, le Triomphe de Galatée.

219. Faïence de Faenza. — Petit plat, Moïse recevant les Tables de la loi.

220. Bronze florentin. — Petite statue de Minerve casquée, à ses pieds un lion. Haut. 16 c.

221. Faïence de Faenza. — Plat rond à sujet grisaille, l'Annonciation.

222. Faïence de Bernard Palissy. — Grand plat rond à reptiles. Diamètre 43 c.

223. Email de Limoges. — Deux couvercles de coupes à peintures grisailles offrant des bustes et des figures allégoriques.

224. Bois sculpté. — *Ecce Homo*, petite statuette.

225. Bois sculpté. — Deux petites figurines d'enfants jouant d'instruments de musique; travail très fin sur socle en bois. H. 10 c.

226. Jade. — Coupe à deux anses évidées et prises dans la masse; travail chinois.

227. Email de Limoges. — Deux petites coupes festonnées et décorées de fleurs émaillées en couleur.

228. Ivoire sculpté. — Figurine : la Vierge debout sur un croissant; travail du temps de Louis XIII, sur fût de colonne en ivoire, et une figurine de femme costumée à l'orientale, sur socle en ébène incrusté de filets de cuivre. H. 16 c.

229. Bronze italien. — Deux figurines en pendant : Petits tireurs d'arc sur socles en jaune de Sienne. Une de ces figures est antique.

230. Ivoire sculpté. — Deux flambeaux formés par

des figurines d'enfants portant les lumières
au dessus de leurs têtes. Haut. 25 c.

231. Ivoire sculpté. — Enfant Jésus debout, le pied
appuyé sur une tête de mort; charmante figurine d'un travail très fini. Haut. 18 c.

232. Ivoire sculpté. — La Vierge debout, le pied
appuyé sur la tête d'un serpent; figure très
fine et remplie d'expression. Haut. 20 c.

233. Bronze ancien. — Statuette représentant une
muse debout et drapée, sur piédestal en bois.
Haut., 33 c.

234. Ivoire sculpté. — Deux petites figurines d'enfants, l'un debout près d'un tronc d'arbre,
et l'autre couché et endormi.

235. Bronze. — Petit modèle d'un tombeau orné de
bas-reliefs; il est surmonté d'une figure de
femme couchée et drapée. Bronze florentin
d'une grande légèreté de fonte.

236. Bois sculpté. — La Vierge debout sur un croissant, portant l'enfant Jésus, sur socle en bois
sculpté et découpé à jour. Haut. 24 c.

237. Bois sculpté. — Sainte Barbe près d'une tour;
travail allemand très fin du seizième siècle.
Haut., 31 c.

238. Bois sculpté. — Statuette d'un jeune faune tenant des raisins. Haut. 30 c.

239. Bronze florentin. — Très beau trépied dont les
faces sont ornées de bas-reliefs très fins;
aux angles sont des figures de faunes accroupis sur des mascarons qui servent de
pieds au monument. Cette pièce, fondue à

cire perdue, est remarquable autant par la beauté du style que par la légèreté de la fonte. H. 12 c., larg. 18 c.

240. Email de Limoges. — Beau fragment d'un vase à peinture grisaille, représentant Actéon dévoré par ses chiens, cadre en bois doré.

241. Email de Limoges. — Sainte Madeleine en prière, grisaille rehaussée de fleurs à paillons, signée J. P., cadre en bois doré carré long en travers. Haut. 7 c. 5 mill., larg. 11 c. 5 mill.

242. Email de Limoges. — Belle grisaille représentant l'Amour et Vénus, signée P. R., cadre doré.

243. Email de Limoges. — Trois grandes et belles grisailles à sujets tirés de l'histoire de Psyché, d'après Raphael; cadres dorés. La plus grande porte 15 c. 5 mill. sur 30 c.; les deux autres 15 c. sur 15 c.

244. Email de Limoges. — Six médaillons ronds à peintures coloriées dans le style de L. Limousin, représentant des Sibylles. Diamètre 13 c.

245. Bronze florentin. — Saint Sébastien attaché à un arbre et percé de flèches; d'une fonte très légère et d'un fini admirable. Haut. 31 c.

246. Bronze florentin. — Petite statuette d'homme nu, que l'on croit être Cosme de Médicis; bronze d'une grande finesse. Haut. 18 c.

247. Bronze florentin. — Vénus assise tressant ses cheveux, statuette d'une grande beauté de

modelure et d'une belle couleur de bronze, socle en jaune de Sienne. Haut. 19 c.

248. Bronze florentin. — Figurine de bacchante dansant. Ce bronze est remarquable par la beauté des formes et le fini de la ciselure. Haut. 16 c.

249. Bronze florentin. — Vénus debout; auprès d'elle une tortue. Haut. 13 c.

250. Porphyre de Suède. — Deux fûts de colonnes garnis de bronze doré. Haut. 32 c.

251. Bronze italien. — Hercule enfant étouffant des serpents, figurine remplie d'énergie et d'expression. Haut. 24 c.

252. Bronze italien. — Poignée de porte formée par une figure d'enfant ailé, dont les jambes se terminent en queues de poisson.

253. Bronze italien. — Vénus sortant du bain, charmante figurine d'une fonte très légère. Haut., 24 c.

254. Bronze italien. — Figurine : Méléagre mourant dévoré par un feu secret; remarquable par la beauté des formes et la légèreté de la fonte. Haut. 30 c.

255. Porphyre vert antique. — Deux fûts de colonnes garnis de bronze doré. Haut. 9 c., diamètre 10 c.

256. Bronze florentin. — Groupe de plusieurs figures : la Mère de Douleur, tenant son fils mort sur ses genoux et entourée d'anges; le piédestal est orné aux quatre angles de cariatides ailés. Cette pièce remarquable peut être con-

sidérée comme un chef-d'œuvre de fonte. Haut. 23 c., largeur 13 c.

257. Email de Limoges. — Petit coffret orné de cinq plaques à peintures grisailles teintées de vert, à sujets mythologiques. Haut. 8 c., larg. 12.

258. Email de Limoges. — Deux assiettes à peintures grisailles teintées; sur l'une est représenté Apollon, et sur l'autre Mercure. Diamètre 20 c.

259. Email de Limoges. — Une assiette grisaille teintée, avec sujets de l'histoire romaine, d'après Jules Romain. Diamètre 20 c.

260. Email de Limoges. — Ecritoire à peintures grisailles représentant des enfants et des médaillons à portraits. Diamètre 20 c.

261. Email de Limoges. — Pied de calice à huit pans offrant un nombre égal de médaillons à sujets grisailles tirés de la vie du Christ. Peinture fine et d'une rare perfection. Haut. 9 c., diamètre 18 c.

262. Email de Limoges. — Triptyque orné de quatre émaux coloriés, de style allemand, représentant au milieu le Calvaire, sur les deux volets des saints personnages avec légendes en caractères gothiques; au bas est une descente de croix. La monture en bois est décorée d'arabesques dessinées en or. Haut. tot. 45 c., larg. 35. c.

263. Email de Limoges. — Deux couvercles de coupes, l'un avec peintures grisailles à sujets de chasse; sur l'autre sont représentés Apollon et Vénus. Diamètre 18 c.

264. Ivoire sculpté. — Statuette représentant la Mort; figure grotesque. Haut. 20 c.

265. Email de Limoges. — Médaillon rond offrant le portrait d'Hélène, grisaille sur fond bleu. Diamètre 12 c.

266. Email de Limoges. — Paix, avec cadre en cuivre doré et ornements en argent, garnie d'un émail représentant le Christ couronné d'épines. Haut. 14 c., larg. 10 c.

267. Faïence de Faenza. — Coupe de mariage avec couvercle, ornée de peintures en dedans et en dehors de la plus grande finesse et du plus bel émail. Diamètre 19 c.

268. Faïence de Faenza. — Petit plat rond orné d'arabesques. Diamètre 24 c.

269. Bois sculpté. — Grand et beau meuble à deux corps, orné de cariatides et de panneaux sculptés, très riche et du plus beau style. Haut. 2 m. 3 c., larg. 1 m. 44 c.

270. Bois sculpté. — Grande table avec pied à doubles consoles de la plus grande richesse; travail du seizième siècle. Haut. 82 c., long. 1 m. 86 c., larg. 87 c.

271. Bois sculpté. — Grand dressoir flamand orné de cariatides, de frises, et avec corniche très riche de sculpture. Haut. 2 m. 64 c., larg. 2 m. 3 c.

272. Bois sculpté. — Une table à balustres et moulures unies, portant 1 m. 35 c. sur 80 c.

273. Bronze. — Statue d'une muse drapée tenant un rouleau de la main droite. Haut. 32 c.

274. Bronze florentin. — Vénus négresse debout. Haut. 33 c.

275. Bronze florentin. — Vénus sortant de l'eau, assise sur une coquille du genre rocher, socle en porphyre antique. Haut. 26 c.

276. Bronze florentin. — Deux bustes d'empereurs romains sur fûts de colonnes en marbre petit antique. Haut. des bustes 21 c., haut. des fûts 15 c.

277. Jade. — Coupe à une anse évidée et prise dans la masse, avec ornements gravés en relief.

278. Cuivre doré. — Une croix processionnale un ostensoir et un pied de calice gothiques; ouvrage du seizième siècle.

279. Bronze italien. — Groupe de deux figures, Caïn et Abel. H. 20 c., long. 25 c.

280. Bronze ancien. — Petit cheval au galop. H. 18 c.
281.　　　dito.　　　Petite figurine de satyre les mains attachées derrière lui.

282. Cuivre doré. — Quatre médaillons représentant François de Médicis, Cosme de Médicis, Christine, duchesse d'Etrurie, et Marie Madeleine, archiduchesse d'Autriche.

283. Cristal de roche. — Deux pendeloques d'anciens lustres.

284. Bronze. — Un petit mortier orné de bas-reliefs.

285. Ivoire sculpté et bois. — Deux cuillères et un manche de couteau sculptés; ouvrage des habitants de la côte d'Afrique.

286. Cristal de roche. — Deux pièces, un flacon et
une boîte contournée non montés.

287. Plomb. — Deux clichés représentant en bas-
reliefs Mars et une figure, allégorie à la
Tempérance; travail très fin du seizième
siècle.

288. Faïence. — Groupe de deux figures, Vénus et
l'Amour, imitant la porcelaine de Saxe.

289. Deux cornes de rhinocéros polies.

290. Faïence ancienne. — Deux petits sucriers en
forme d'artichaut.

291. Cuir gaufré. — Encrier ayant la forme d'un
pied humain décoré d'arabesques dessinées
en blanc et or; ouvrage du seizième siècle.
Un coffret aussi en cuir à dessins religieux;
ouvrage du même genre.

292. Bronze ancien. — Deux pièces : un petit presse-
papier formé par un griffon et un satyre
assis.

293. Email de Limoges. — Les douze Empereurs
Romains, médaillons de forme ronde, en grisaille.

294. Porphyre rouge oriental. — Deux petits piédestaux et deux petits fûts de colonne en
marbre.

295. Meuble. Une console en acajou à dessus de
marbre blanc, orné de sphinx en bois bronze
et fond à glace.

296. Meuble. — Une autre console à étagère en bois
d'acajou à dessus de marbre blanc, avec lions
en bois bronzé.

297. Meuble. — Une armoire fermant à deux ventaux, en bois d'acajou, à dessus de marbre
blanc, avec lions en bois bronzé.

298. Cuivre doré. — Une paire de flambeaux forme
égyptienne.

299. Bronze. — Un guéridon à trépied au vert antique, tablettes en marbre blanc.

300. Bois sculpté. — Un lot de débris de meubles
sculpté.

301. Bronze moderne. — Deux petits flambleaux
surmoulés sur des objets semblables, en bois
sculpté du temps de Louis XV.

302. Email. — Deux figurines de mendiants, homme
et femme.

QUATRIÈME VACATION.

Jeudi 5 février.

**BRONZES. — IVOIRES. — ÉMAUX DE LIMOGES.
— FAIENCES. — MATIÈRES DIVERSES.**

303. Matières diverses. — Une divinité des habitants des côtes d'Afrique en jade vert; une
boîte en serpentine noble et deux mufles de
chien, l'un en bois et l'autre en émail.

304. Porcelaine de Chine. — Un petit vase garni
en bronze doré.

305. Matières diverses. — Deux dents de vaches
marines polies, et une coupe en corne de
rhinocéros.

306. Bronze. — Trois figurines, Hercule bibace, un grotesque et un Hermès d'après l'antique.

307. Porcelaine de Chine. — Cinq tasses et deux soucoupes décorées de fleurs.

308. Porcelaine de Chine. — Plaque carrée offrant un sujet de la vie privée.

309. Bronze. — Trois petites figurines dont un Pygmée, d'après l'antique.

310. Fer ciselé. — Une figurine debout, travail du seizième siècle, et un manche de couteau en cuivre.

311. Agate. Héliotrope. — Une coupe plate sur pied élevé, et deux petites coupes l'une en agate, l'autre en jaspe sanguin.

312. Bronze. — Lampe en forme de pied humain.

313. Bronze. — Deux bustes : celui de J.-J. Rousseau et celui d'un empereur romain.

314. Cristal de roche. — Deux flacons à pans.

315. Verre de Venise. — Jolie coupe à pied élevé, à filigrane blanc.

316. Bronze italien. — Satyre accroupi (mutilé).

317. Marbre rouge antique. — Six petites colonnes dont deux sont cannelées.

318. Albâtre oriental. — Six colonnes unies dont deux sont garnies de leurs embases en cuivre doré.

319. Argent. — Une coupe chinoise en argent repoussé et un petit vase en bronze.

320. Grès de Flandre. — Pot à bière décoré d'ornements en relief et émaillé en bleu, couvercle en étain.

321. Émail de Limoges. — Une salière à six pans, ornée de portraits placés deux à deux sur chaque pan.

322. Cuivre doré. — Ostensoir gothique du quinzième siècle.

323. Émail de Limoges. — Peinture grisaille teintée représentant les travaux d'Hercule sur un pied de coupe.

324. Étain. — Pot à bière orné d'arabesques et de sujets allégoriques ; travail en relief du seizième siècle.

325. Fer ciselé. Une clef et un petit poignard ornés de cariatides et de mascarons, d'un très beau travail du seizième siècle.

326. Bronze ancien. — Personnage à longue barbe; cul-de-jatte.

327. Corne de cerf. — Une poire à poudre entièrement couverte de sujets gravés, garnie en argent.

328. Jade. — Couteau oriental avec poignée à tête de gazelle, lame en damas et fourreau garni en argent doré.

329. Fer ciselé. — Pistolet dont le canon ciselé est entièrement couvert d'arabesques, d'animaux et de figures en relief. La monture en bois garnie en ivoire; la batterie manque.

330. Bronze italien. — Un encrier en forme de trépied supporté par trois figurines d'enfants, sur le couvercle est un homme assis à l'orientale.

331. Ivoire sculpté. — Bas-relief, jeux d'enfants.

332. Bois sculpté. — Buste en bas-relief de Gustave
Adolphe; travail de la plus grande finesse.

333. Verre de Venise. — Une grande coupe à pied
élevé, décorée d'émaux et de dorures avec
des écussons armoriés.

334. Ivoire sculpté. — Un volet de diptyque représentant le crucifiement avec les saints personnages au pied de la croix; beau travail du
quatorzième siècle.

335. Ivoire sculpté. — Diptyque orné de bas-reliefs
représentant l'adoration des Mages et le crucifiement; ouvrage du quatorzième siècle.

336. Ivoire sculpté. — Diptyque orné de deux bas-
reliefs, la sainte famille et le crucifiement.

337. Ivoire sculpté. — Diptyque cintré du haut,
le volet de gauche divisé en plusieurs compartiments représente des saints vus à mi-corps,
le volet de droite également divisé offre Jésus
debout, au milieu de saints personnages
placés chacun dans de petits compartiments;
dans la partie cintrée, Dieu le père entre
deux anges; travail du quinzième siècle.

338. Ivoire sculpté. — La Vierge portant l'enfant
Jésus, grande figurine de style grec dont la
couronne et les cheveux sont dorés. Haut. 21 c.

339. Ivoire sculpté. — La Vierge portant l'enfant
Jésus; travail du dix-septième siècle, les deux
figures ont des couronnes en argent. H. 24 c.

340. Ivoire sculpté. — Deux cippes ornés de bas-
reliefs représentant des combats de cavalerie;

travail d'une belle exécution, monture en
cuivre doré. Haut. 15 c., diam. 9 c.

341. Email de Limoges. — Petite coupe ronde avec
peinture grisaille représentant Hercule, et au
pourtour les attributs de ce demi-dieu. Diam.
13 c.

342. Email de Limoges. — Autre coupe, peinture
grisaille représentant Orphée charmant les
animaux. Diam. 14 c.

343. Email de Limoges. — Petite assiette à peinture
grisaille représentant la moisson.

344. Émail de Limoges. — Assiette à peinture très
fine en grisaille teintée rehaussée d'or représentant un des mois de l'année, au revers des
arabesques avec mascarons.

345. Bronze florentin du seizième siècle. — Buste
d'homme cuirassé, probablement le portrait
d'un des ducs de Médicis. Haut. du buste, 17 c.

346. Bronze doré florentin. — Vénus à sa toilette,
assise sur un tronc d'arbre; figure d'une
grande finesse et d'une belle conservation.

347. Bronze italien. — Le tireur d'épines, très
jolie statuette d'après l'antique. Haut. 15 c.

348. Bronze italien. — Deux petites figurines, une
jeune fille assise à terre tenant un de ses
pieds avec ses deux mains semble vouloir en
extraire une épine; un petit grotesque; socles
en marbre jaune de Sienne.

349. Bronze italien. — Vénus endormie appuyée
sur un tronc d'arbre; bronze très léger, socle
en jaune de Sienne. Haut. 15 c.

350. Email de Limoges. — Coupe à couvercle, peinture grisaille teintée et rehaussée de vert, le sujet intérieur représente Énée et Didon; le couvercle est orné d'arabesques et de portraits. Signé P. Raymond. Diam. 20 c., h. 15 c.

351. Email de Limoges. — Autre coupe à couvercle avec peinture grisaille très fine, représentant à l'intérieur Vénus dans un char traînée par des colombes : le couvercle est orné de portraits et d'arabesques. Signé P. R. Diam. 15 c., haut. 14 c.

352. Émail de Limoges. — Coffret formé de cinq plaques grisailles représentant des sujets de la vie des saints. Signé M. D. Pape. Monture moderne en bois doré. Haut. 14 c., larg. 20 c.

353. Email de Limoges. — Un autre coffret composé de cinq plaques grisailles teintées représentant la chasse aux lions. Haut. 14 c., larg. 19 c.

354. Émail de Limoges. — Six grandes assiettes à peintures grisailles teintées, représentant des dieux du paganisme sur leur char, avec bordures d'arabesques et mascarons; elles portent des armoiries sur fond bleu d'azur. Diam. 23 c.

355. Email de Limoges. — Deux assiettes à grisailles teintées représentant deux sujets mythologiques; les bords et les revers sont couverts d'arabesques à figures et têtes d'anges.

356. Os sculpté. — Coffre de mariage du quatorzième siècle, dont le tour est orné de figures groupées deux à deux; sur le couvercle des anges portant des écussons; la monture en bois est

marquetée d'ivoire et de bois de couleur.

357. Os sculpté.—Autre coffret à peu près semblable et de la même époque, dont les bas-reliefs représentent des sujets de romans de moyen-âge

358. Argent doré. — Petite statue équestre de Gustave Adolphe; la tête mobile de cette statuette permet de lui substituer à volonté la tête d'un autre prince de la famille qui accompagne celle-ci, et permet ainsi d'avoir la représentation de l'un ou de l'autre de ces deux princes. Haut. 31 c., long. 30 c.

359. Bronze florentin. — Très jolie statuette d'Iris tenant une draperie; bronze d'une grande finesse et d'une belle couleur sur socle en brèche violette. Haut. 46 c.

360. Email de Limoges. — Peinture coloriée de style allemand représentant les saints personnages au pied de la croix; cadre doré.

361. Email de Limoges. — Peinture coloriée rehaussée d'or, représentant l'ascension.

362. Émail de Limoges. — Peinture coloriée; saint Augustin.

363. Émail de Limoges. — Belle peinture grisaille; la Vierge portant l'enfant Jésus, entourée d'anges. Haut. 16 c., larg. 13 c.

364. Email de Limoges. — Peinture coloriée et à paillons, représentant la crèche; cette belle plaque peut être attribuée à Léonard Limousin. Haut. 24 c., larg. 17 c.

365. Émail de Limoges. — Peinture grisaille rehaussée d'or sur fond bleu; médaillon ovale re-

présentant Vénus et l'Amour. H. 25 c., l. 19 c.

366. Email de Limoges. — Triptyque à peinture coloriée et à paillons représentant au milieu la crèche et sur les volets des saints personnages; monture en bois peint à ornements dorés. Haut. 31 c., larg. 50 c.

367. Émail de Limoges colorié et à paillons représentant l'Amour et Psyché; grand médaillon ovale appliqué sur fond marqueté d'étain avec entourage en cuivre doré. Haut. 31 c., larg. 21 c.

368. Ivoire sculpté. — Grande plaque carré long en hauteur provenant d'un diptyque consulaire du septième siècle; le bas-relief représente les jeux du Cirque, en présence de trois consuls romains, vus à mi-corps. H. 29 c., larg. 12 c.

369. Ivoire sculpté. — Le Christ en croix; travail d'une grande finesse et remarquable en ce que le Christ et la croix sont sculptés dans le même morceau d'ivoire. Haut. 47 c.

370. Émail de Limoges. — Peinture grisaille; le portrait de saint Pierre.

371. Terre cuite. — Statuette de Moïse d'après Michel-Ange.

372. Bois sculpté. — Un grand et beau peigne du seizième siècle découpé à jour, avec devise en caractères gothiques.

373. Ivoire sculpté. — Petite statue de femme nue, au bain. Haut. 15 c.

374. Ivoire sculpté. — Petit femme nue sortant du bain et s'essuyant les pieds.

375. Ivoire sculpté. — Un petit cavalier armé de toutes pièces.

376. Ivoire sculpté. — Jolie petite statue de saint Jean; travail d'une grande finesse.

377. Ivoire sculpté. — Deux figurines nues dont une d'enfant.

378. Ivoire sculpté. — Vase ovale à couvercle dont le pourtour est orné d'un bas-relief représentant Jupiter et Diane, Vénus et Adonis et des amours; le couvercle est surmonté d'un amour.

379. Ivoire sculpté. — Figurine de femme nue faisant sa toilette.

380. Ivoire sculpté. — Deux petites figurines d'enfant tenant du raisin et des fruits.

381. Bois sculpté. — Une cuillère et un manche de couteau, ornés de bas-reliefs et de figurines.

382. Ivoire sculpté. — Deux petits bas-reliefs oblongs représentant l'un un lutrin et l'autre un sujet mythologique.

383. Ivoire sculpté. — Un saint évangéliste, figure fracturée d'un travail très ancien.

384. Ivoire sculpté. — Deux poivrières, l'une guillochée et l'autre ornée d'un bas-relief, représentant l'ensevelissement du Christ.

385. Ivoire sculpté. — Deux autres poivrières dont l'une est ornée de bustes et figures d'anges.

386. Bois sculpté. — Une figure allégorique, femme nue; travail du seizième siècle.

387. Ivoire sculpté. — Une figurine assise sur un rocher garni d'animaux (le bon Pasteur).

388. Email de Limoges. — Deux peintures grisailles teintées, l'une représente la tentation de
saint Antoine et l'autre un sujet mythologique.

389. Email de Limoges. — Médaillon rond, provenant d'une paix à peinture coloriée, représentant saint Jérôme et saint Cloudarde ;
cercle en cuivre doré.

390. Porphyre rouge oriental. — Un petit piédestal
plus un fût de colonne en granit orbiculaire
de Corse.

391. Cristal de roche. — Cinq piédestaux.

392. Corne de cerf. — Une pomme de canne représentant une tête de femme, plus un petit
bas-relief en os.

393. Coco sculpté. — Deux poivrières ornées de
bas-reliefs à sujets bachiques.

394. Argent. — Une cuillère de voyage, ornée de
mascarons et de figurines, dans son étui en
cuir gaufré.

395. Porcelaine de Chine. — Un vase et deux cornets décorés de fleurs et d'oiseaux.

396. Fer ciselé. — Un étrier du seizième siècle,
orné de figures et de mascarons, avec arabesques découpées à jour.

397. Porcelaine de Chine. — Deux salières et deux
petits cornets à mandarins.

398. Cuivre doré. — Deux petits magots et un co-
quetier en bronze tonkin.

399. Fer. — Un marteau d'arme du temps de
Henri IV ; la hampe en bois est incrustée
d'ivoire.

400. Bois sculpté. — Un Christ peint couleur de chair, très belle sculpture.

CINQUIÈME VACATION.

Vendredi 6 février.

ÉMAUX DE LIMOGES, IVOIRES ET BOIS SCULPTÉS, BRONZES, PORCELAINES ET OBJETS DIVERS.

401. Porcelaine de Chine. — Deux bouteilles à dessins bleus.

402. Bronze italien. — Trois petits bustes ayant servi de boutons de portes.

403. Bronze italien. — Trois bas-reliefs dont deux représentant des figures allégoriques, l'autre une descente de croix.

404. Bronze italien. — Bas-relief représentant la sainte famille, plus un mascaron en cuivre doré, du temps de Louis XIV.

405. Vannerie laquée de la Chine. — Un bol et son plateau, plus un autre bol et son plateau en émail de Chine.

406. Ivoire sculpté. — Tête de marotte.

407. Bronze moderne. — Deux flambeaux formés par des figurines debout sur des tortues.

408. Bois sculpté. — Un soufflet orné de mascarons et de rosaces.

409. Email de Limoges. — Deux pièces : sainte Marie Madeleine et saint Bruno.

410. Email de Limoges. — Deux pièces : l'ange gardien et sainte Clara.

411. Email de Limoges. — Deux grisailles représentant des enfants et des fruits.

412. Email de Limoges. — Deux autres : la justice
et un cavalier.

413. Email de Limoges. — Deux médaillons de
forme ronde, offrant chacun deux têtes
d'empereurs romains, cadres dorés.

414. Bronze italien doré. — Presse-papier formé
par une lionne couchée, tenant un renard
entre ses griffes; plinthe en jaune de Sienne.

415. Bronze. — Clochette de bureau, ornée de bas-
reliefs à figures, surmontée d'un groupe
d'enfans qui lui sert de manche.

416. Porcelaine. — Un presse-papier formé par un
lion debout, émaillé en blanc uni.

417. Porphyre de Suède. — Cinq fûts de colonnes
de différentes proportions.

418. Bronze doré. — Satyre agenouillé portant une
coquille au dessus de sa tête. Haut. 17 c.

419. Bronze italien. — Figure de femme debout et
drapée. Haut. 25 c.

420. Email de Limoges. — Deux petites frises ornées
chacune de deux médaillons avec bustes et
diverses petites plaques émaillées.

421. Bronze italien. — Un presse-papier formé par
une lionne couchée; plinthe en jaune de
Sienne.

422. Bronze italien. — Deux médaillons ovales avec
bas-reliefs représentant, l'un une tête de
Minerve casquée, travail très fin; l'autre
une Vénus accroupie.

423. Bronze florentin. — Petite figurine d'homme portant un panier de fruits, bronze très fin. Haut. 15 c.

424. Marbre Lumachel. — Une petite baignoire garnie en bronze doré.

425. Bronze moderne. — Petite statue de Diane debout, tenant deux torches.

426. Albâtre oriental. — Deux piédestaux garnis de bronze doré.

427. Bois sculpté. — Joli petit bas-relief représentant Mars, Vénus et l'Amour, travail très fin.

428. Bronze italien. — Figure d'un jeune homme debout, appuyé sur un tronc d'arbre. Haut. 20 c.

429. Bronze moderne. — Surmoulé d'après l'antique, deux figures grotesques sur piédestaux en jaune antique.

430. Bronze italien. — Lampe formée par un sphinx.

431. Bronze florentin. — Figure de Junon, les mains élevées au dessus de sa tête. Haut. 20 c.

432. Bronze italien. — Figurine d'un jeune garçon qui pisse. Haut. 16 c.

433. Bronze. — Deux figures : Bacchus debout, figurine moderne, d'une ciselure très soignée, et Mars debout; bronze florentin d'après l'antique.

434. Faïence de Faenza. — Deux plaques carrées avec peintures représentant, l'une l'Annonciation; l'autre, en camaïeux bleu, Adam et Eve.

435. Serpentine vert foncé avec diallage. — Deux
vases évidés, forme d'urnes avec anses prises
dans la masse, sur piédestaux en granitelle
gris garnis de bronze doré. Haut. totale 24 c.

436. Ivoire sculpté. — Groupe de deux enfants, bas-
relief presque de ronde-bosse; beau travail
dans le style de François Flamand. Haut. 23 c.

437. Bronze moderne. — Deux statuettes représentant, l'une Napoléon assis tenant un sceptre
et divers attributs des sciences et des arts ;
l'autre l'impératrice Marie-Louise , assise,
tenant des attributs de peinture. Ces bronzes
ont été en partie moulés sur des bronzes antiques qui faisaient partie de la collection de
feu M. le baron V. Denon, et n'ont été pro-
duits que quatre fois. Voir le catalogue de
cette collection publiée en 1826, où ils sont
décrits sous les n. 718 et 719. Haut. 26 c.

438. Serpentin d'Egypte. Deux petits piédestaux garnis de bronze doré.

439. Bronze. — Bas-relief représentant Jésus exposé au peuple, d'après Lucas de Leyde ;
travail de la plus grande finesse ; cadre en
cuivre doré.

440. Email de Limoges. — Deux petites frises à
peintures grisailles teintées, représentant,
l'une Vénus et les Amours, l'autre un sujet
de chasse. Haut. 5 c., larg. 11 c.

441. Ivoire sculpté. — Bas-relief représentant le
Christ descendu de la croix et soutenu sur
les genoux de sa mère ; cadre à fronton en

ébène ; sur le couronnement Dieu le père.

442. **Ivoire sculpté.** — Boîte ovale avec bas-relief, sur le couvercle, représentant le Jugement de Pâris, le dessous est orné d'un trophée d'armes et de musique; travail très fin.

443. **Émail de Limoges.** — Une aiguière à peinture grisaille sur fond bleu, rehaussé d'or représentant Neptune, le triomphe de Galatée, et celui d'Amphitrite; au dessous du goulot est une tête de Méduse remplie d'expression.

444. **Émail de Limoges.** — Autre aiguière à peinture grisaille teintée, rehaussée d'or, d'un beau style, représentant un sujet mythologique. Haut. 29 c.

445. **Émail de Limoges.** — Salière à peinture grisaille, représentant un sujet de l'histoire de Psyché.

446. **Ivoire sculpté.** — Un cippe, sujet de bacchanale, à figures de haut-relief. Haut. 11 c.

437. **Émail de Limoges.** — Sept plaques carrées, à belles peintures grisailles représentant des sujets de la vie du Christ, signées P. R., avec date de 1542. Haut. 15 c., larg. 12 c.

448. **Dito.**—Beau diptyque cintré dans le haut, à peinture grisaille; le volet de gauche offre la Vierge assise, entourée de sept petits médaillons où sont représentés des sujets de la Passion. La partie cintrée offre l'Annonciation de la Vierge; le volet de droite représente la Mort de la Vierge; dans la partie cintrée, la Trinité. Ce bel objet, dont tous les détails sont

rehaussés d'or, est signé P. R. H. 28 c., l. 38 c.

449. Email de Limoges. — Médaillon de forme ronde, peinture grisaille représentant Orphée; cadre en bois noir. Diam. 15 c.

450. Email de Limoges. Deux petits miroirs à pans, ornés au revers chacun d'un émail à paillons, montés en bronze doré. Signés F. L. (François Lorent).

451. Email de Limoges colorié et à paillons. — Deux médaillons ovales avec portraits représentant le cardinal de Richelieu et Henri de Bourbon, prince de Condé; cadres en cuivre doré.

452. Faïence de Bernard Palissy. — Grand plat rond avec bas-relief représentant Diane; la bordure à salières est ornée de mascarons. Cette pièce est remarquable par son volume et sa belle conservation. Diam. 50 c.

453. Émail de Limoges. — Six petites assiettes à peinture grisaille sur fond bleu, représentant à l'intérieur des têtes d'empereurs romains, et au revers des médaillons à bustes de femmes.

454. Émail de Limoges colorié et rehaussé d'or. — Sujet tiré de la vie du Christ; dans la partie cintrée du cadre, un autre émail représentant Dieu le père entouré de chérubins.

455. Émail de Limoges. — Peinture grisaille représentant Mars et Vénus surpris par Vulcain; cadre doré.

456. Email de Limoges. — Peinture coloriée, style ancien, cintrée dans le haut, représentant le

Christ descendu de la croix, entouré des saintes femmes; cadre doré. Haut. 15 c.

457. Email de Limoges. — Peinture coloriée, rehaussée d'or, représentant le Calvaire; cadre doré. Haut. 15 c., larg. 12 c.

458. Email de Limoges. — Peinture grisaille rehaussée d'or, représentant l'adoration des mages. Haut. 16 c., larg. 13 c.

459. Émail de Limoges. — Peinture grisaille teintée, rehaussée d'or, représentant Jésus devant Pilate, signée M. D.; cadre doré. Haut. 15 c., larg. 12 c.

460. Email de Limoges. — Peinture grisaille teintée, représentant un sujet pastoral, signé P. C., 1550, cadre doré. Haut. 16 c., larg. 12 c.

461. Email de Limoges. — Médaillon ovale à peinture coloriée, représentant la Vierge, saint Joseph et l'enfant Jésus. H. 14 c., larg. 11 c.

462. Émail de Limoges. — Plaque cintrée dans le haut, à peinture grisaille, représentant la Vierge et l'enfant Jésus entourés de saints personnages. Dans la partie cintrée, le Père éternel; ce bel émail est signé P. R., et porte la date de 1538. Haut. 13 c., larg. 10 c.

463. Émail de Limoges. — Plaque carré-long en travers. Peinture grisaille; sujet de chasse; cadre doré. Haut. 9 c., larg. 18 c.

464. Email de Limoges. — Médaillon ovale. Peinture coloriée, représentant un portrait de femme en costume du temps de Henri II, dont la collerette est chargée de monogram-

mes brodés qui en sont l'ornement. Haut.
15 c., larg. 12 c.

465. Email de Limoges. — Grande plaque ronde,
peinture grisaille teintée, représentant le
Christ descendu de la croix ; cet émail d'une
rare beauté est peint d'après Schiavone. La
bordure est formée d'arabesques grisailles
sur fond bleu avec moulures en bronze doré.
Diam. 22 c.

466. Grand médaillon rond à peinture grisaille
teintée, rehaussée d'or, représentant Vénus
et les Amours. Diam. 26 c.

467. Émail de Limoges. — Belle grisaille teintée,
représentant le Christ en croix, au pied les
saints personnages, dans la partie supérieure
faisant fronton, Dieu le père ; cadre doré.
Haut. 15 c., larg. 18 c.

468. Émail de Limoges. — Deux grandes plaques
à peinture coloriée, représentant des sujets
de sainteté ; cadre doré. Haut. 21 c. larg. 28 c.

469. Email de Limoges. — Peinture grisaille teintée
rehaussée d'or, représentant un sujet de
l'histoire de Psyché. Haut. 15 c., larg. 15 c.

470. Grisaille teintée : deux petits émaux représentant l'un saint Joseph et la Vierge en adoration devant l'enfant Jésus, l'autre la circoncision du Christ. Haut. 18 c., larg. 7 c.

471. Émail de Limoges. — Peinture coloriée :
Psyché mourante transportée sur un bran-
card, sujet tiré de l'histoire de Psyché, d'a-
près Raphaël ; cadre doré. H. 11 c., larg. 26 c.

140 — _lange_

472. Email de Limoges. — Peinture grisaille représentant la toilette de Vénus; cadre doré.

700 — _Van minde_

473. Émail de Limoges. — Grand plat rond à ombilic, peinture grisaille teintée, représentant des sujets tirés de la Genèse, au revers des arabesques et des mascarons. Diam. 46 c.

460 — _lange_

474. Émail de Limoges. — Une coupe à pied élevé, à peinture grisaille, représentant le jugement de Pâris : *signé*, P. COURTEYS. Haut. 16 c., diam. 18 c.

551 — _henry_

475. Email de Limoges. — Une autre coupe à pied élevé, peinture grisaille teintée, sujet mythologique. Haut. 16 c., diam. 17 c.

136 — _gamba_

476. Émail de Limoges. Peinture grisaille teintée, rehaussée d'or, représentant un sujet biblique.

155 — _roujcel_

477. Émail de Limoges. — Peinture coloriée rehaussée d'or, représentant la flagellation du Christ. Haut. 12 c., larg. 9 c.

171 — _Lanquenille_

478. Email de Limoges. — Deux peintures grisailles, représentant saint Jean et saint Jacob.

892 — _hazard_

479. Email de Limoges. — Deux petites plaques à peinture grisaille, sujets mythologiques. Signé P. R. Haut. 8 c., larg. 7 c.

155 — _toquet_

480. Email de Limoges. — Petit émail cintré dans le haut, peinture grisaille représentant une sainte, et un autre petit émail de forme circulaire représentant la sainte famille.

46 — _ruster_

481. Émail de Limoges. — Deux petits médaillons avec bustes de Diane et de Pâris; cadre en bois sculpté et doré.

170 — _roujcel_

482. Email de Limoges. — Médaillon, peinture co-

loriée, représentant l'annonciation; cadre
en cuivre doré. Diam. 7 c.

483. Émail de Limoges. — Deux peintures grisailles rehaussées de vert, bustes de la belle
Hélène et de Ménélas.

484. Émail de Limoges. — Deux émaux grisailles
teintées, représentant la flagellation et le
crucifiement. Haut. 12 c., larg. 10 c.

485. Émail de Limoges. — Un émail grisaille teintée, représentant l'annonciation de la Vierge.

486. Émail de Limoges. — Peinture grisaille rehaussée d'or, représentant le Christ au ro-
seau. Signé J. L. Plaque à six pans inégaux.

487. Émail de Limoges. — Médaillon de forme
ronde, grisaille rehaussée d'or, sainte Madeleine; cadre en bois doré. Diam. 10 c.

488. Émail de Limoges. — Quatre plaques grisailles représentant des sujets pastoraux, d'après
Callot, avec maximes en vieux français.

489. Émail de Limoges. — Plaque carrée, peinture
grisaille rehaussée d'or, représentant Jésus
amené devant Pilate. Haut. 16 c., larg. 13 c.

490. Émail de Limoges. — Plaque carrée, peinture coloriée représentant sainte Marie et
sainte Agnès.

491. Émail de Limoges.—Grande plaque à peinture
grisaille rehaussée d'or, représentant un sujet
de l'histoire de Psyché, d'après Raphaël, avec
inscription en italien. Haut. 17 c., larg. 22 c.

492. Émail de Limoges. — Plaque carrée, pein-

ture coloriée rehaussée d'or, représentant le
couronnement de la Vierge ; style ancien.

493. Émail de Limoges. — Médaillon ovale, peinture grisaille rehaussée d'or, sujet de la fuite
enEgypte. Signé, J. L. Haut. 13 c., larg. 18 c.

494. Email de Limoges. — Deux plaques carré-
long, peintures grisailles, sujets mythologiques. Haut. 7 c., larg. 16 c.

495. Émail de Limoges. — Six pièces, le portrait de
la Vierge et celui du Christ, quatre petits
boutons à peintures grisailles.

496. Émail de Limoges. — Trois plaques carré-
long, à peintures coloriées, représentant des
sujets tirés de la Genèse.

497. Émail de Limoges. — Deux plaques carrées à
peintures grisailles teintées, représentant des
sujets de la vie de Joseph.

498. Émail de Limoges. — Plaque carrée à peinture grisaille, représentant la chute de Phaé-
ton. Haut. 9 c., larg. 19 c.

499. Émail de Limoges. — Deux belles plaques carrées, peintures coloriées et à paillons, représentant deux sujets de l'histoire sainte. Signé
S. C. ; cadre en bois doré. H. 15 c., l. 19 c.

500. Émail de Limoges. — Une paix avec cadre
très riche de ciselure, en cuivre doré, le
centre est occupé par un émail très ancien,
représentant l'adoration des mages.

SIXIÈME VACATION,

Samedi 7 février.

OBJETS CHINOIS. — IVOIRES SCULPTÉS. — BRONZES. — PORCELAINES. — MEUBLES EN MARQUETERIE DE BOULE, ETC.

501. Terre émaillée de la Chine. — Deux figures de mendiants.

502. Porcelaine de Chine.— Un oiseau sur un rocher et une grande tasse à anse avec médaillons à figures.

503. Porcelaine de Chine. — Un pot à bière et diverses pièces à dessins bleus.

504. Terre émaillée de la Chine. — Deux poussas tenant des vases.

505. Terre émaillée de la Chine.— Mendiant couché appuyé sur une gourde.

506. Terre émaillée de la Chine. — Groupe de plusieurs figures.

507. Porcelaine d'ancien blanc de Chine. — Deux poussas.

508. Porcelaine de Chine.—Vase fond rouge décoré de fleurs blanches.

509. Porcelaine blanche de Chine. — Une idole entourée de plusieurs figures.

510. Porcelaine de Chine. — Deux cornets et deux vases à dessins bleus, dépareillés.

511. Porcelaine de Chine. — Deux grandes figures de femme à têtes mobiles, les vêtements imitant la soie brodée.

512. Mandragore. — Deux figures grotesques dont une est sur un buffle.

513. Bois sculpté. — Une grande figure chinoise, homme debout et les bras croisés.

514. Bois sculpté. — Une mandragore figurant une femme sur un animal chimérique.

515. Bambou sculpté. — Groupe de trois figures sur une même terrasse.

516. Bronze chinois. — Un mandarin assis, figure d'une légèreté de fonte remarquable.

517. Bronze. — Un ours assis.

518. Bronze indien. — Deux divinités assises dont une à tête d'éléphant.

519. Porcelaine de Chine.— Deux canards, qualité ancienne, sur socle en bronze doré.

520. Porcelaine de Chine. — Deux lapins sur des rochers.

521. Porcelaine de Chine. — Trois petits vases fond jaune à dessins verts; pieds rocailles en cuivre doré.

522. Porcelaine de Chine. — Quatre cornets décorés de fleurs et d'oiseaux.

523. Porcelaine de Chine. — Deux petits vases décorés de fleurs avec écussons armoriés.

524. Porcelaine de Chine. — Deux cornets fond vert à médaillons de fleurs et de figures.

525. Porcelaine de Chine.— Quatre pièces, cornets et vases, décors bleus sur fond blanc.

526. Porcelaine de Chine.— Deux vases dépareillés, forme bouteilles, en céladon craquelé.

527. Porcelaine de Chine. — Quatre pièces dépa-
reillées, cornets et bouteilles.

528. Ancien craquelé. — Deux petits vases avec ornements et anses faisant relief.

529. Terre émaillée de Chine. — Deux grandes
figures de mendiants assis.

530. Céladon. — Deux vases avec ornements en
relief, émaillés en brun, montés en bronze
doré.

531. Porcelaine de Chine. — Trois petits vases de
formes et de couleurs variées.

532. Porcelaine de Chine. — Deux vases rouge
haricot, forme bouteille.

533. Porcelaine de Chine. — Quatre petits vases
forme bouteille, décorés de fleurs.

534. Bronze chinois. — Deux buffles dont un est
surmonté d'une figure.

535. Peinture sur verre. — Deux petites glaces
étamées, avec portrait de femmes chinoises;
cadres en bois noir à ornements dorés.

536. Porcelaine de Chine ancienne qualité. — Un
chat sur pied rocaille en bronze doré.

537. Bois sculpté. — Figure de mandarin japonais
à longue barbe, debout sur un rocher; cette
figure est d'un travail très fini.

538. Bois sculpté. — Deux grandes figures chinoises
debout, l'une tient un rouleau et l'autre un
fruit.

539. Bois de santal. — Mandarin assis sur un rocher;
travail très fin.

540. Bois de santal.— Deux mendiants faisant pendant.

541. Bois d'ébène. — Un mandarin debout; très finement sculpté.

542. Bois sculpté. — Deux petites figurines dont l'une représente un pêcheur.

543. Bois sculpté. -- Un mendiant assis la tête appuyée sur son genou.

544. Bois sculpté. — Deux figures d'hommes chinois debout.

545. Ivoire sculpté. — Une femme chinoise dont les détails du costume sont coloriés.

546. Ivoire sculpté. — Figure d'homme japonais debout; d'un très beau travail.

547. Porcelaine de Chine. — Deux perroquets émaillés en violet sur terrasses émaillées en vert, belle qualité ancienne.

548. Bronze chinois.— Deux figures : un mandarin assis sur un cerf, et un homme à longue barbe debout.

549. Bronze italien. — Statuette d'homme debout et contrefait; il est coiffé du bonnet phrygien et tient une patère de la main droite (Esope)?

550. Bronze chinois. — Deux canards formant vases et en pendant; bronzes fins et d'une belle couleur.

551. Marqueterie de trois parties. — Jolie petite pendule dite à la religieuse, garnie de bronze.

552. Porcelaine céladon. — Deux gourdes et deux vases d'appliques imitant des fruits avec feuillages.

553. Bronze chinois. — Deux vases de forme élégante avec ornements en reliefs très fins.

554. Bronze chinois. — Deux cornets ornées d'arabesques d'une grande finesse montés en bronze doré.

555. Terre émaillée de la Chine. —Deux mendiants faisant pendant.

556. Terre émaillée de la Chine. — Deux autres mendiants, qualité très fine.

557. Bronze indien.—Divinité à quatre bras, d'une beauté remarquable de ciselure et d'un bronze très fin. Haut. 31 c.

558. Bronze chinois. — Beau brûle-parfum dont les trois pieds sont formés par des têtes d'éléphants; le couvercle à jour est surmonté d'un éléphant.

559. Bronze chinois. — Brûle-parfum d'un bronze très fin et poli; les anses, le couvercle et le socle sont formés par des branches de fleurs.

560. Bronze chinois.—Deux cornets de forme carrée, ornés d'arabesques en relief; socle en cuivre doré.

561. Bambou sculpté. — Un pitong dont le pourtour est orné d'un bas-relief à figures, représentant des personnages faisant de la musique, placés sur des différents plans de rochers couverts de bambous; travail d'une grande finesse d'exécution.

562. Bambou sculpté. — Un Chinois tenant un fruit et un rouleau de papier, monté sur un buffle.

563. Bambou sculpté. — Un oiseau tenant une branche de fruits.

564. Porcelaine de Chine. — Deux cigognes sur pieds, en cuivre doré.

565. Porcelaine craquelée ancienne. — Deux vases de forme élégante, richement montés en bronze, partie au vert antique et partie dorée, sur fûts de colonnes en porphyre rouge oriental.

566. Porcelaine craquelée. — Deux grands vases décorés de figures et de fleurs émaillées en couleurs variées, montés en bronze doré.

567. Marqueterie de trois parties. — Deux petits meubles à hauteur d'appui s'ouvrant sur la face principale et sur les côtés, très richement garnis de bronze doré et avec tablettes de marbre noir. Haut. 1 m., larg. 78 c.

568. Laque du Japon. — Deux coffres à dessins d'or faisant relief, belle qualité.

569. Bronze florentin. — Joli petit groupe de Vénus et l'Amour, d'une grande finesse de modelé et d'une fonte très légère. Haut. 12 c.

570. Laque du Japon. — Boîte carrée fond noir à dessins d'or faisant relief, jeux d'enfants.

571. Marqueterie de Boule. — Un meuble à hauteur d'appui fermant à deux ventaux, garni de bronze doré avec tablette en mosaïque. Haut. 1 m. 3 c., larg. 1 m. 20 c.

572. Marqueterie de Boule. — Armoire à deux ventaux vitrés, les côtés du meuble sont marquetés; elle est garnie de bronze. Haut. 1 m. 25 c., larg. 1 m. 14 c.

573. Corne de rhinocéros sculptée. — Deux belles
coupes; l'une figure une fleur dont la branche forme l'anse, l'autre est ornée d'arabesques en relief; l'anse est formée par un animal chimérique.

574. Bronze italien. — Petite statue équestre de
Marc Aurèle. Haut. 25 c.

575. Pierre schisteuse à trois couches. — Pitong à
huit pans sur chacun desquels est représenté
en relief un bouquet de fleurs.

576. Porcelaine craquelée. — Vase à fleurs à ornements découpés à jours sur pied rocaille en
cuivre doré.

577. Bronze florentin. — Beau groupe de trois figures représentant l'enlèvement d'une Sabine,
d'après Jean de Bologne, sur socle en marqueterie de Boule garni de cuivre doré. Haut.
70 c.

578. Ivoire sculpté. — Grand cippe à bas-reliefs,
sujets de bacchanales, style de François Flamand, monté en bronze doré. Haut. 22 c.

579. Laque du Japon. — Très belle boîte figurant un
éventail et une branche de feuillages à dessins
d'or en relief sur fond couleur de bronze.

580. Laque du Japon. — Boîte à deux étages à dessins d'or sur fond noir, de la plus belle qualité.

581. Boîte de forme oblongue renfermant un plateau et deux petites boîtes à dessins d'or
sur fond couleur de bronze.

582. Boîte forme d'éventail, dessins d'or sur fond
aventuriné.

583. Laque du Japon. — Boîte carré-long fond noir à dessins d'or, elle renferme un plateau de même forme.

584. Laque de Japon. — Boîte carrée à dessins d'or sur fond aventuriné.

585. Laque du Japon. — Deux grandes bouteilles carrées, décorées de fleurs dessinées en or sur fond noir.

586. Bois laqué. — Pagode chinoise dans sa boîte fermant à deux ventaux.

587. Terre cuite laquée du Japon. — Figurine représentant un génie infernal, debout sur un monstre marin, dans les flots.

588. Pierre de lard. — Trois petits écrans de deux volets chacun et à doubles fonds, décorés de bas-reliefs d'appliques sur bois de bambou.

589. Pierre de lard. — Un bas-relief sur bois de bambou.

590. Laque du Japon. — Trois pièces; deux petits plateaux et un panneau à dessins d'or en relief.

591. Laque du Japon. — Deux petits plateaux, en forme de tables, à cinq pieds, à dessins d'or sur fond noir; ces objets étaient destinés à supporter des boîtes de même forme.

592. Laque du Japon. — Quatre petits plateaux ovales à dessins d'or sur fond noir.

593. Coco sculpté. — Dix-huit petites figurines représentant les métamorphoses du dieu Foë, travail chinois de la plus grande finesse,

chacune d'elles porte une inscription en caractères chinois, visible à la loupe.

594. Bois de bambou. — Un magot assis, auprès
de lui est un crapaud à trois pattes.

595. Bois de bambou. — Groupe de deux figures
chinoises.

596. Bois de bambou. — Deux figurines chinoises,
l'une assise, l'autre montée sur un animal
chimérique ; travail très fin.

597. Ivoire sculpté. — Trois groupes de deux petites figures chinoises chacun.

598. Ivoire sculpté. — Trois figurines chinoises de
différentes proportions.

599. Ivoire sculpté. — Deux bas-reliefs chinois représentant des dragons et des fleurs.

600. Ivoire sculpté. — Deux pièces d'échecs, éléphant portant des tours ; travail chinois.

601. Émail de Chine. — Deux bols à couvercles,
fond bleu turquoise, décorés d'arabesques en
couleur et rehaussés d'or.

602. Ivoire sculpté. — Deux éléphants ; travail chinois très fin.

603. Ivoire sculpté. — Groupe de plusieurs figures
sur un éléphant, avec son cornac en avant ;
travail de l'Inde.

604. Ivoire sculpté. — Deux pièces : un groupe de
deux figures, et une figurine ; travail de
l'Inde.

605. Ivoire sculpté. — Figure chinoise appuyée sur
une béquille et tenant une gourde.

606. Ivoire sculpté. — Un manche d'ombrelle, plus une petite boîte éu bambou sculpté.

607. Bois sculpté. — Deux petites figurines d'enfants chinois; travail très fin.

608. Bois sculpté. — Trois figures, dont deux sont montées sur des animaux chimériques.

SEPTIÈME VACATION,

Lundi 9 février.

ANTIQUITÉS ÉGYPTIENNES, GRECQUES ET ROMAINES, MÉDAILLES, ETC.

609. Bois sculpté. — Deux oiseaux égyptiens en partie coloriés; antiques.

610. Bronze antique. — Trois petites figurines debout.

611. Verre antique. — Plusieurs lacrymatoires de formes variées.

612. Plâtre. — Plusieurs divinités égyptiennes surmoulées d'après l'antique, en plâtre et en terre émaillée.

613. Bois sculpté et peint. — Deux figurines égyptiennes, les bras croisés sur la poitrine, couvertes de caractères hiéroglyphiques.

614. Bois sculpté et peint. — Une grande figure égyptienne, les bras croisés sur la poitrine, couverte de caractères hiéroglyphiques gravés en creux.

615. Bois sculpté et peint. — Deux figures avec caractères hiéroglyphiques gravés en creux.

616. Bois. — Figurine en forme de momie, tenant
avec ses deux mains une figure ailée appuyée
sur sa poitrine; elle est en partie couverte
de caractères hiéroglyphiques gravés en
creux.

617. Terre émaillée. — Figurine égyptienne en
partie couverte de caractères hiéroglyphiques.

618. Terre émaillée. — Six petites amulettes, animaux divers accroupis.

619. Terre émaillée. — Deux figurines à têtes humaines, avec cartouches d'hiéroglyphes.

620. Terre émaillée. — Cinq petites amulettes, figurines à têtes d'animaux.

621. Terre émaillée. — Six amulettes plus petites,
figures à têtes d'animaux.

622. Terre émaillée. — Six amulettes, figurines à
têtes diverses.

623. Terre émaillée. — Trois amulettes, figurines
à têtes humaines.

624. Terre émaillée. — Six figurines à têtes d'animaux.

625. Terre émaillée. — Trois pièces : deux figurines à têtes d'animaux, et une amulette à
trois figures.

626. Terre émaillée. — Trois figures à têtes d'animaux.

627. Lapis. — Quatre petites amulettes, figurines,
nilomètre et antres.

628. Terre émaillée. — Trois amulettes, animaux variés.

629. Terre émaillée. — Deux amulettes à trois figurines.

630. Matières diverses. — Cinq pièces : une figurine et un vase en serpentine, une petite tête humaine et une tête de bœuf en bronze, plus une petite tête humaine en terre cuite.

631. Serpentine. — Scarabée à tête humaine, sur la partie plate sept rangées d'hiéroglyphes, plus une petite figurine d'Harpocrate en bronze.

632. Terre émaillée. — Trois gros scarabées et un vase.

633. Terre émaillée. — Neuf petits scarabées avec caractères hiéroglyphiques en creux.

634. Cristal de roche et agate. — Quatre scarabées avec intailles.

635. Cristal de roche et agate. — Sept autres scarabées.

636. Basalte vert. — Quatre gros scarabées.

637. Serpentine. — Très beau scarabée; la partie plate est couverte de caractères hiéroglyphiques en creux.

638. Basalte vert. — Deux scarabées; travail fin.

639. Dito. — Trois scarabées et une amulette.

640. Bronze. — Trois figurines, l'une d'elles est surmoulée, d'après l'antique.

641. Terre émaillée. — Trois figurines : deux à têtes d'oiseaux, et une à tête humaine.

642. Bronze antique. — Une passoire et un poêlon dont les manches sont formés de figures.

643. Serpentine. — Petite statue égyptienne, homme debout, les mains croisées sur la poitrine ; le vêtement est chargé d'hiéroglyphes gravés en creux.

644. Basalte vert. — Statuette mutilée, divinité égyptienne portant un petit quadrupède sur ses épaules.

645. Bronze. — Un bœuf apis et un bélier.

646. Dito. — Isis allaitant Horus, sur socle en jaune de Sienne.

647. Bronze. — La même divinité sur socle en bronze.

648. Bronzes moulés sur l'antique. — Divinité à tête de chatte, et deux autres à têtes humaines.

649. Bronze antique. — Figure d'homme assis tenant sur ses genoux un volumen déroulé.

650. Terre émaillée. — Fragment d'une figure d'Isis, et une grenouille.

651. Terre émaillée. — Une grande figure en forme dé momie, couverte de caractères hiéroglyphiques.

652. Bronze. — Divinité debout, la tête surmontée d'une coiffure très élevée.

653. Serpentine. — Figure debout, portant une divinité en avant et appuyée sur sa poitrine ; le support contre lequel elle est appuyée est couvert d'hiéroglyphes.

654. Bronze. — Divinité égyptienne, surmoulée d'après l'antique.

655. Pierre calcaire. — Divinité égyptienne assise, ornée d'un riche collier, et portant des attributs.

656. Bois. — Deux figures en forme de momies, couvertes de caractères hiéroglyphiques gravés en creux.

657. Basalte vert. — Beau fragment d'une figure égyptienne ornée d'un collier auquel pend une amulette.

658. Serpentine. — Figure debout, les bras croisés sur sa poitrine ; les vêtements sont ornés de rangées d'hiéroglyphes gravés en creux.

659. Bronze. — Deux figurines égyptiennes assises.

660. Bronze. — Deux divinités égyptiennes, l'une à tête humaine, et l'autre à tête de singe, assises sur des fleurs de lotus.

661. Serpentine. — Figure égyptienne en forme de momie, couverte de caractères hiéroglyphiques, gravés en creux sur socle en marbre vert de mer.

662. Granit antique. — Tête de divinité égyptienne d'un travail très fin.

663. Bois. — Figure en forme de momie dont les chairs sont coloriées en rouge, et les vêtements couverts d'hiéroglyphes dessinés en noir, sous cage vitrée.

664. Bois. — Figure d'homme debout, sur socle en terre, sur lequel sont peints en blanc des caractères hiéroglyphiques.

665. Bronze moderne. — Deux petites statuettes
très finement ciselées; Silène portant dans
ses bras Bacchus enfant, Mars debout, entièrement nu et coiffé du bonnet phrygien. Ces
deux charmantes figurines sont placées sur
des colonnes en marbre vert de mer.

666. Granit globuleux de Corse.—Deux beaux piédestaux ornés de moulures en cuivre doré.

667. Porphyre rouge oriental. — Deux fûts de colonnes avec tores de lauriers en bronze
doré. Haut. 22 c.

668. Bronze antique.—Statuette de Mercure debout,
coiffé du pétase ailé; cette belle figure a eu
les yeux incrustés en argent. Haut. 18 c.

669. Bronze antique. — Jupiter celtique, debout
à longue barbe, vêtu d'une tunique courte et
d'une chlamyde, le bras gauche élevé, et tenant un vase dans la main droite; ses bot-
tines et son vêtement sont chargés d'ornements gravés. Haut. 16 c.

670. Bronze antique. — Autre statuette à peu près
semblable, les yeux incrustés en argent, et
portant deux strigiles à la ceinture. H. 18 c.

671. Bronze moderne. — Pendule en forme de piédestal, avec buste de Napoléon, par Chaudet.

672. Bronze moderne. — Petite statuette d'Hercule, debout, tenant une massue de la main
droite, et trois pommes dans la gauche.

673. Bronze antique. — Petite statuette d'Hercule
couvert de la peau du lion, le bras gauche

élevé, et tenant un vase de la main droite;
bronze fin et d'une belle patine. H. 9 c. 1/2.

674. **Bronze antique.** — Femme drapée, assise.

675. **Bronze antique.**—Charmante figurine ailée, représentant le génie de la comédie, sur socle en bois pétrifié, garni de bronze doré. H. 8 c.

676. **Bronze antique.** — Un castra, espèce de pygmée : il semble déplorer sa position.

Figurine très expressive et d'un modelé remarquable; les yeux sont incrustés en argent, et la patine très fine. Haut. 6 c.

677. **Bronze antique.** — Statuette étrusque d'un jeune guerrier, debout, la tête couverte d'un casque à cimier élevé, et le corps d'une cuirasse composée de bandelettes perpendiculaires serrées les unes contre les autres par des liens nattés.

Cette belle figure dont les bras manquent est couverte d'une belle patine. Haut. 23 c.

678. **Bronze antique.** — Statuette. Un suivant de Bacchus dansant; il est couronné de pampres et vêtu d'une tunique courte, retenue par une ceinture, sa chlamyde flotte sur son bras gauche, une chaussure en cuir complète son vêtement. Haut. 25 c.

Cette figure dont le bras droit manque est couverte d'une très belle patine épaisse.

679. **Bronze antique.** — Jupiter assis tenant un sceptre de la main droite et le foudre de la gauche; très belle statuette remarquable par la beauté du style et le modelé des chairs.

Ce bronze précieux, considéré comme un
chef-d'œuvre de l'art, a été découvert en
Hongrie ; il faisait partie de la collection de
feu M. le baron V. Denon (Voir le catalogue
publié en 1826). Haut. 19 c.

680. Bronze antique. — Jeune faune dans l'attitude
de sauter à la corde qu'il tient par les extré-
mités.

Statuette d'une grande beauté et d'une
conservation remarquable.

Ce bronze, couvert d'une belle patine, a
été découvert en 1810, par un berger, à
Joué, village situé sur la route de Saulieu à
Châlon-sur-Saône ; il faisait partie de la collection V. Denon. Haut. 23 c.

681. Bronze florentin. — Mercure, d'après Jean
de Bologne, petite statue d'une grande légèreté de fonte, sur fût en jaune de Sienne,
garni de bronze doré. Haut. 26 c.

682. Bronze moderne. — Statuette de Jupiter debout, le bras gauche élevé et tenant le
foudre de la main droite, sur socle en marbre
vert de mer. Haut. 16 c.

683. Bronze italien. — Silène barbu dansant, d'a-
près l'antique, socle en marbre noir. Haut.
16 c.

684. Terre peinte. — Joli petit vase grec, à deux
anses, fabrique de Nola. Haut. 17 c.

685. Verre antique. — Trois urnes funéraires à
deux anses.

686. Bronze antique. — Trois anses de vases, or-

nées de mascarons, couvertes d'une belle patine.

687. **Bronze antique.** — Cinq petites figurines dont un Hermès.

688. **Bronze antique.** — Quatre autres petites figurines.

689. **Bronze antique.** — Quatre mascarons à têtes d'animaux.

690. **Bronze antique.** — Quatre petites pièces; deux chiens, une figurine accroupie et un fragment de caducée.

691. **Bronze antique.** — Une belle anse de vase.

692. **Bronze antique.** — Cinq petites pièces dont quatre figurines et une main de statuette.

693. **Bronze antique.** — Un cheval au galop et une figure.

694. **Bronze antique.** — Huit fibules de formes variées.

695. **Bronze antique.** — Deux épingles de tête couvertes de la plus belle patine, un phallus et une clef.

696. **Bronze indien.** — Deux petites idoles.

697. **Bronze florentin.** — Très beau fragment d'anse de vase orné de figures allégoriques.

698 **Bronze florentin.** — Lampe ayant la forme d'un lapin.

699. **Bronze florentin.** — Trois petites figurines de satyres dans différentes poses.

700. **Bronze moderne** surmoulé sur une terre cuite antique. — Hermès ithyphallique.

701. **Bronze antique.** — Epée gauloise.

702. Bronze moulé d'après l'antique. — Hercule
et Antée sur socle en serpentine verte.

703. Sardonyx. — Grand nicolo dont l'intaille représente un cavalier combattant un lion, au
revers deux bustes de nègres en regard.
Cette pièce est remarquable par la dimen-
sion et la qualité de la pierre, autant que
par la gravure.

704. Mosaïque de Rome. — Dessus de tabatière,
la chasse au sanglier; très belle exécution.

705. Sardonyx. — Cinq petits camées et deux intailles.

706. Sardonyx. — Grand camée, tête d'Hercule
barbu et coiffé de la peau du lion.

707. Agates diverses. — Six intailles, sur corna-
line, saphirine, prime d'émeraude, etc.

708. Email sur cuivre. — Plaque carré-long en
travers, représentant le triomphe de Bacchus.

709. Matières diverses. — Une boîte ovale en pou-
ding et deux petites cassolettes, l'une en
agate, l'autre en cristal de roche, montées
en argent.

710. Ecaille. — Bel éventail chinois découpé à
jours et couvert de sujets à figures en relief.

711. Laque du Japon. — Grande plaque ovale en
laque usé et une plus petite à figures en
relief sur fond noir, plus une tête de magot
en terre cuite.

712. Lapis lazulis. — Une boîte plate de forme baroque, de la plus belle qualité.

713. Bronze antique. — Lampe formée par une figure d'homme accroupi.

714. Bonze antique. — Deux petites statuettes dont un petit Camille tenant un rhyton, sur socles en porphyre rouge oriental.

715. Terre cuite antique. — Six lampes ornées de bas-reliefs.

716. Terre peinte. — Trois petits vases noirs, plus un petit seau et une coquille en bronze; antiques.

717. Médaille. — Une médaille antique en argent de Syracuse. Cette médaille est vraie quoique pesant 5 grammes de moins que le poids ordinaire.

718. Médaille. — Six médailles antiques en argent : 2 Posidonie, 2 Alexandre, 1 Lysimaque et 1 Antiochus.

719. Médaille. — Quatre médailles antiques en argent : 1 Lysimaque, 1 Alexandre et 2 Marseille.

720. Médaille. — Cinq médailles antiques en argent consulaires.

721. Médaille. — Sept médailles antiques en argent impériales dont 2 Marc-Antoine.

722. Médaille en argent ; Médaillon de Syracuse faux.

723. Médaille. — Dix médailles grecques fausses en argent.

724. Médaille. — Quatorze médailles romaines fausses en argent.

725. Médaille. — Dix-huit médailles en argent du règne de Napoléon.

726. Médaille. — Quatre médailles en bronze, grecques et romaines.

727. Médaille.— Cinq médailles en bronze grecques dont un Poppée d'Alexandrie.

728. Médaille. — Quatre médailles grands bronzes : 1 Galba, 1 Marc-Aurèle, 1 Julia, tête de Filia et 1 Diaduménien.

729. Médaille. — Huit médailles grands bronzes romains.

730. Médailles. — Dix médailles grands et moyens bronzes romains.

731. Médaille. — Trente et une monnaies en cuivre de la République et de divers pays.

732. Médaille. — Quinze médailles de Napoléon, en bronze.

733. Médaille. — Douze médailles de M. Denon, en bronze.

734. Médaille. — Huit monnaies modernes et du moyen-âge, dont le siége de Landau, en argent.

735. Médaille. — Huit belles médailles bronze dont une de Henri IV et de Marie de Médicis.

736. Médaille. — Huit médailles des seizième et dix-septième siècles.

737. Médaille. — Douze médailles du temps de Henri II.

738. Médaille. — Sept grandes médailles en bronze des Pisans, dont une carrée et dorée.

739. Médaille. — Sept grandes médailles en bronze des Pisans, dont une carrée et dorée.

740. Médaille. — Vingt médailles modernes en

bronze du dix-huitième siècle, dont une de
Mazarin et une de Richelieu, toutes deux
dorées.

741. **Médaille.** — Dix-huit clichés, la majeure partie
du règne de Napoléon.

CABINET DE M. BRUNET DENON.

Deuxième Partie.

TABLEAUX, DESSINS,

Gouaches, Pastels, Miniatures, Fixés, Peintures chinoises
et indiennes, Manuscrits, etc..

ESTAMPES, LIVRES A FIGURES ET SUR LES ARTS.

HUITIÈME VACATION.

ÉCOLE ITALIENNE.

DESSINS ET TABLEAUX.

1. Quinze dessins italiens par Guerchin, Franco, Giordano, Giminiano, Canta-Galina, Zucchero, Pesarèse, Vasari, Farinati, Lutti, etc. Cet article sera divisé.
2. Jésus au jardin des Oliviers, par Mutien; Jésus chez les Docteurs, par Lanfranc; adoration des Rois, école de Polidor du Caravage; Sainte Famille par Schidone. Quatre dessins.
3. La Visitation. Dessin à la plume lavé au bistre, par Salviati.
4. Études à la plume, au bistre. Trois dessins par Passaroti.
5. Une feuille contenant une suite de sujets religieux, par Tempeste et L. Kilian.
6. Un sujet mystique. Dessin à la plume par Fabricio Santi-Fede. Collection Denon, n° 547 (*).

(*) Ce numéro est celui du catalogue de la vente de la collection de M. Denon, directeur du Musée. Nous indiquerons par les lettres C. D. à la suite du numéro les dessins et tableaux qui proviennent de cette collection, aussi accompagnées d'une * pour indiquer ceux qui sont lithographiés dans l'ouvrage MONUMENT DES ARTS DU DESSIN, PAR M. DENON. Voyez le n° 448.

CAMPI (Bernardinus).

7. Sainte Cécile. Dessin à la plume, au bistre.

FARINATI (Paul).

8. Dessin à la plume et au lavis, rehaussé de blanc. N° 323, c. d. *

VERONÈSE (Paul Caliari, dit).

9. Sainte Justine martyre. Dessin à la plume et au lavis. N° 337, c. d.

GENNARI (Cesare).

10. Saint François et deux religieux de son ordre à genoux devant la Vierge et l'enfant Jésus qui leur apparaissent dans des nuages. Dessin au bistre. N° 448, c. d. *

11. Saint Joseph et saint François et d'autres saints à genoux. Dessin au bistre. N° 446, c, d.

12. Jésus au milieu des Docteurs. Dessin à la plume et au bistre. N° 443, c. d.

13. La Vierge confie l'enfant Jésus à sainte Thérèse. Beau dessin à la plume et au bistre. N° 445, c. d. *

PARMESAN (Francesco-Mazzuola, dit le).

14. Le mariage de la Vierge. Dessin à la plume, lavé au bistre. N° 369, c. d.

15. Sainte Famille. Dessin au crayon rouge. N° 372, c. d. *

16. L'enfant Jésus et saint Jean. N° 374, c. d. *

17. La Sainte Famille prête à fuir en Egypte.

Dessin à la plume, lavé au bistre. N° 377,
C. D.

18. L'ensevelissement de Notre-Seigneur. Dessin
à la plume et lavé. N° 380, c. d. *

19. Saint Jean dans le désert avec son mouton.
Dessin à la plume lavé au bistre sur papier
bleu, légèrement rehaussé de blanc. N° 383,
C. D. *

20. Décollation de saint Jean. Dessin à la plume,
lavé au bistre. N° 384, c. d.

GUERCHIN (Francesco Barbieri, dit le).

21. Une marine. Dessin à la plume, lavé au bistre.

22. Vénus brûlant les armes de l'Amour. Dessin à
la sanguine. N° 453, c. d.

23. Jeune laitière italienne, deux guerriers, tête
d'homme et marchand turc. Quatre dessins
à la plume, au bistre vigoureusement touchés.
N. 462-465, c. d. Les deux premiers lithographiés dans l'ouvrage.

VASARI (Giorgio).

24. Riche composition pour un plafond, offrant trois
compartiments entourés d'arabesques où sont
représentés la mort de Niobé, le char d'A-
pollon et le char de Diane. Beau dessin à la
plume, lavé au bistre. N. 254, c. d.

25. Les noces de Cana. Dessin capital au bistre, et
de forme cintrée. N. 258, c. d.

SCHIAVONE (André).

26. Sujet de la descente de croix. Dessin à la plume,

lavé au bistre et rehaussé de blanc. N. 348,
c. D. *

BANDINELLI (Baccio).

27. Saint Jérôme, près de lui son lion. Dessin à la
plume au bistre.

ZUCCARO (Frederico).

28. Neuf dessins à plusieurs crayons d'une pré-
cieuse exécution, d'après diverses composi-
tions du Corrège, dont le plafond du dôme
de Parme, la Sainte Famille, le mariage de
sainte Catherine, le saint Jérôme, etc. N. 306,
c. D.

RAPHAEL.

29. Belle étude au crayon noir, représentant un
religieux tenant un livre. Le trait de cette
étude a été piqué pour être reporté sur toile.
Ce dessin attribué à Raphaël. N. 301, c. D.

JULES ROMAIN (Giulo Pipi, dit).

30. L'adoration des Rois, composition de neuf
figures. Beau et capital dessin à la plume,
lavé au bistre. N. 283, c. D. *

TABLEAUX ITALIENS.

MOLA (Pietro Francesco).

31. Jésus et saint Pierre. Bon tableau.

COELLO (Alonso Sanchès), École espagnole.

32. Dans un site aride et montagneux une villa-

geoise et ses deux enfants sont à genoux dé-
vant un religieux qui touche d'une baguette
un rocher d'où jaillit de l'eau ; près de lui un
de ces frères est en méditation pendant ce
miracle. Esquisse touchée avec esprit. N. 15,
c. d. *

SCHIAVONE (André).

33. Diane entourée de ses nymphes découvrant la
grossesse de Calisto.

34. Deux sujets de la fable faisant pendant. Ces
deux tableaux et le précédent réunissent à la
couleur de l'École vénitienne le gracieux du
Parmesan. N. 43, c. d.

PROCCACINI (Jules-César).

35. Des amours groupés près de l'autel qui leur
est consacré, forgent et essaient leurs traits.
Tableau d'une couleur chaude et agréable.
N. 39, c. d. *

36. Copie du précédent tableau par un artiste
moderne.

37. La Vierge et l'enfant Jésus. Tableau sur cuivre
attribué à ce maître.

CARAVAGE (Michel-Ange Amerighi, dit le).

38. Un Évangeliste assis prêt à écrire. Beau tableau
de galerie, d'une savante et parfaite vérité
d'exécution. N. 14, c. d.

SASSO FERRATO (Batista Salvi da).

39. La Vierge en buste, les mains jointes ayant la
tête et les yeux baissés. N. 42, c. d.

RAPHAEL (D'après).

130 — 40. Tête de Vierge, tirée du tableau dit la belle Jardinière.

BETRAFFIO (Giovani Antonio).

180 41. La Vierge assise, tient sur ses genoux l'enfant Jésus, qu'elle contemple avec ravissement; elle lui présente un bouquet de roses. Tableau sur bois dont les caractères de têtes rappelle l'école de Léonard de Vinci. c. d. *

BOTICELLI (Sandro Filippi).

1452 — 42. La Vierge à genoux en acte d'adoration devant l'enfant Jésus couché à terre. Bon et curieux tableau sur bois.

TRISTAN (Louis), peintre espagnol, maître de Velasquez.

125 43. Saint Jérome et saint Bonaventure représentés en pied. Deux bons tableaux.

PANNINI (Paul).

121 44. Intérieur d'une rotonde où se passe une scène de mascarade.

TITIEN (École du).

126 45. *Ex voto*. La Vierge avec l'enfant Jésus, saint Étienne, saint Ambroise et saint Maurice.

CRESPI (Joseph-Marie).

50 — 46. La Nativité, composition animée d'un grand nombre de figures. Esquisse d'une belle couleur. N° 18, c. d. *

RICCI (Marc).

47. Divers monuments en ruine.

TIEPOLO (Jean-Baptiste).

48. La Vierge tenant l'enfant Jésus dans ses bras, est debout sur un globe, et foulant à ses pieds le serpent; elle est enveloppée d'un manteau bleu que soulèvent trois anges; dans le haut une gloire d'anges. Bon tableau cintré.
49. Les Docteurs de l'Église, esquisse faite à Rome.

ÉCOLE ESPAGNOLE.

50. Portrait de dame de la cour de Philippe V. Bon tableau.

SCHIDONE (Barthelemi).

51. Un bel enfant portant un gros livre; il est vu en buste, une partie de sa figure est frappée par une lumière vive, le reste est dans l'ombre. Ce morceau, d'une couleur douce et harmonieuse, rappelle le Corrège. N° 45, C. D. *
52. Sainte famille, figures à mi-corps. N° 44, C. D.*
53. Sainte famille, petit tableau sur cuivre.

MURILLO (d'après).

54. Copie de la sainte Famille du Musée, esquisse d'un artiste moderne.

MARATTE (Carle).

55. Vierge avec l'enfant Jésus.

FERETTI (Jean-Dominique).

56. Deux tableaux représentant des jeux d'enfants figurant les saisons.

CANALETTI (Antoine Canal, dit).

57. Vues de Venise. Deux tableaux attribués à ce maître.

GUARDI (François).

58. Un naufrage.
59. Vue de Venise.

APPIANI de Milan (M.).

60. Le portrait de madame Grassini, célèbre cantatrice. Elle se faisait entendre en Italie à l'époque où Bonaparte était général en chef de l'armée d'Italie. Tabl. sur bois. N, 192, C. D.

BASSAN (   ).

61. Jésus à table avec ses disciples à Emaüs; ils sont placés à droite, et à gauche se voient une cuisine et divers personnages.

VÉRONÈSE (attribué à Paul Calliari, dit).

62. L'homme qui joue de la basse, tiré du tableau des Noces de Cana; c'est le portrait de Paul Véronèse qui s'est représenté sous cette figure.

63. Études de deux figures, tirée du tableau des
Noces de Cana.

ÉCOLE DE SIENNE.

64. Moïse tenant les Tables de la loi, et le roi David. Figures en pied.

DIVERSES ÉCOLES ITALIENNES.

65. La Vierge sur les nues; elle est entourée
d'anges, dans le haut apparaît Dieu le Père.
Bon et gràcieux tableau. École italienne,
XVII° siècle.

66. Agar et Ismaël dans le désert, composition
connue sous le nom de la Zingara. École du
Corrège.

67. Cérémonies et fêtes publiques à l'empereur
Napoléon, données sur le grand canal à
Venise. Deux tableaux.

68. Cérémonies et costumes du XIV° siècle. Deux
esquisses faites d'après des fresques des maîtres primitifs italiens.

69. Sainte Thérèse à laquelle apparaît le Saint-
Esprit.

70. Sainte Famille. École de Parme.

71. Enfant endormi. École du Guide.

72. Chevaux de ferme; l'un d'eux est monté par
un paysan.

73. Le mariage de la Vierge. Tableau sur albâtre;
il est très fatigué.

74. Tête de Christ. Peinture de style byzantin.

SUITE DES DESSINS ITALIENS.

BELLA (Stephano Della).

75. Etudes de figures et d'animaux. Trois croquis à la plume et au bistre.
76. Cirque, titres de livres, costumes et croquis de figures. Huit dessins à la plume et au bistre.

PANINI (Paul).

77. Temples et ruines romaines. Dessin lavé et légèrement colorié. Les initiales I. P. P.

CARRACHE (Louis).

78. Rencontre d'Eliézer et Rébecca. Dessin à la plume, lavé au bistre et rehaussé de blanc. N. 432, C. D. *
79. Composition de sept figures. Sujet inconnu, à la plume et au bistre. N. 430, C. D.

GUIDE (Guido Reni, dit le).

80. La Vierge dans une gloire, présente l'Enfant Jésus à saint Pierre et à sainte Cécile. N. 483, C. D. *

BAROCHE (Frédéric).

81. Nativité. Dessin capital à la plume, lavé et rehaussé sur papier bleu. N. 266, C. D. *

GHEZZI.

82. Portraits en caricatures. Vingt et un dessins à la plume, au bistre.

CAVEDONE (Jacopo).

83. La Vierge sur les nues, apparaît à saint François. Dessin lavé sur papier de couleur.

PINELLI.

84. Costumes romains. Quatre dessins à l'aquarelle sur deux feuilles.
85. La danse italienne, la Salterello. Aquarelle.
86. Costumes italiens. Dans cette composition, Pinelli s'est représenté entouré d'hommes et de femmes du peuple romain. Dessin à la sépia.

━◆━

NEUVIÈME VACATION.

TABLEAUX ET DESSINS ALLEMANDS, FLAMANDS ET HOLLANDAIS, ET SUITE DES DESSINS ITALIENS.

DESSINS ITALIENS.

87. Vingt-quatre dessins par Cambiaso, dit le Cangiage, Castiglione, B. Corenzo, Pesarèse, César Nebia, A. Carrache, Tintoret et Vasari, C. Maratte, Titien, Denis Calvart, S. Rosa, Franco, et autres maîtres des diverses écoles d'Italie. Cet article sera divisé.

PARMESAN.

88. Départ de la sainte Famille. Dessin à la plume

et au lavis, sur papier jaune retouché de
blanc. N. 376. c. d. *

89. Cérémonie religieuse, riche composition de
seize figures. Dessin à la plume et au bistre.
N. 392. c. d.

90. Figure de femme, portant un vase sur sa tête.
Dessin à la plume, au bistre et rehaussé de
blanc. N. 393. c. d.

91. Figures de femmes jouant du violon. Deux
dessins à la plume. N. 395. c. d.

92. Une feuille d'étude. Dessin à la plume et au
lavis au recto et au verso. N. 398. c. d.

93. Une feuille d'étude. Dessin à la plume et au
bistre.

94. La Vierge et l'enfant Jésus. Dessin à la plume
et au bistre.

CANALETTI.

95. Un dessin à la plume sur papier bleu, vue d'une
ville d'Italie.

GUARDI (François).

96. Fête navale sur un des canaux à Venise. Dessin
à la plume, lavé à l'encre.

97. Un naufrage. Dessin à la plume et au bistre.

TABLEAUX ALLEMANDS, FLAMANDS ET HOLLANDAIS.

98. Trois petits portraits, forme ronde, dont une
tête de guerrier.

99. Patineurs sur un canal glacé de la Hollande.

Deux petits tableaux sur bois. *Ecole hollandaise.*

100. Portrait d'un personnage hollandais. Petit tableau sur bois, forme ovale, attribué à Van
Singeland.

101. Personnage hollandais, peint sur argent. Médaillon.

NETSCHER (d'après).

102. Offrande à Vénus. Tableau autrefois dans la
galerie d'Orléans.

DYCK (Ecole d'Ant, Van).

103. Portrait de Langlois, dit Ciartres, libraire et
marchand d'estampes; il excellait à jouer de
la musette et de plusieurs instruments.

FOUQUIÈRE (attribué à).

104. Le champ de blé, à sa droite des moissonneurs
se reposent ; dans le fond quelques habitations et une église. Tableau sur bois.

BRILL (Paul).

105. Une chasse Tableau sur bois.

106. Paysage d'une grande étendue, borné à l'hori-
zon par des montagnes, à gauche, un groupe
de figures. Tableau sur bois, genre de PAUL
BRILL.

MORO (Antoine).

107. Portrait présumé d'Isabelle, infante d'Espagne
en riche costume. Bon tableau sur bois attribué à ce maître.

MIREVELT.

108. Portrait d'homme avec armoirie et la date de
1600.

RUBENS.

109. Un chasseur décoche une flèche à un ours prêt
à se jeter sur lui. Esquisse attribuée à ce
maître.

BRAND.

110. Paysage avec chute d'eau et figures pastorales.

MOMERS.

111. Une paysanne trait une chèvre, près d'elle son
troupeau.

VOS (Martin de).

112. La muse Terpsichore; autour d'elle divers instruments de musique.

WITT (Emmanuel de).

113. Intérieur d'église hollandaise, orné de figures.
Tableau sur bois.

GOYEN (Jean Van).

114. Moulin à vent, construit sur de vieilles mà-
sures qui bordent une rivière. Tableau sur
bois.

115. Au bord d'une rivière, en avant de diverses
habitations des villageois et villageoises viennent acheter du poisson à des pêcheurs dont

les bateaux s'approchent de terre. Tableau sur bois.

116. Ancienne fortification dont le pied est baigné par une rivière. Tableau sur bois.

BREUGHEL DE VELOURS (Jean).

117. Dans un paysage d'une vaste étendue, on voit un pont de pierre traversant une large rivière ; les premiers plans sont animés d'un grand nombre de figures touchées avec esprit. Joli petit tableau. N. 64, c. d.

OMEGAND.

118. Un pâturage. Au premier plan, un troupeau de vaches, de moutons, et une chèvre à gauche qui traverse un ruisseau ; dans le fond des faneurs et une charrette à foin, et des chaumières entourées d'arbres. Tableau sur bois.

BERRÉ.

119. Paysage où se voient un taureau, deux vaches, deux moutons, et à gauche un jeune garçon appuyé sur un saule et les pieds dans l'eau. Bon tableau sur bois.

HOLBEIN (Jean).

120. Saint Grégoire auquel le Sauveur apparaît pendant la sainte messe ; autre sujet de saint Grégoire. Au verso de ces deux tableaux, qui étaient les volets d'un triptyque, se voient les sujets de Jésus au jardin des Olives,

et la Pentecôte. Curieuses peintures attribuées à ce maître.

HOLBEIN (École d')

121. Saint Grégoire et ses assistants adorant Jésus
Christ l'homme de douleur, qui leur apparaît pendant la messe. Petit tableau curieux
et d'une grande finesse d'exécution; il est
sur bois. N. 80, c. d.

122. Portrait de femme, présumé celui de Catherine
Par. Tableau sur bois.

HACKERT (Jean).

123. Site pris dans un pays marécageux, et ombragé
par des arbres d'une verdure fraîche et humide; un paysan suivi de son chien passe dessus un pont à bascule, qui traverse une petite rivière. Très bon tableau de ce maître;
il est sur bois. N. 75, c. d.

DECKER (Cornelis).

124. Paysage agréable où l'on voit quelques masures
au bord d'une petite rivière ; dans l'éloignement au delà d'un pont rustique, on aperçoit
un pêcheur, et au fond un clocher qui se détache sur le ciel. Tableau sur bois. N. 73,
c. d.

RUYSDAEL (Salomon).

125. Un paysage éclairé par un ciel d'un effet
piquant. Les devants, les seconds plans et les
fonds sont occupés par des masses d'arbres,

au milieu desquels on aperçoit une fabrique ruinée ; sur différents plans, diverses figures et animaux. Bon tableau sur bois. N. 116, C. D.

TENIERS (David).

126. Un pâtre, son chien, sa vache et ses moutons occupent les premiers plans ; dans l'éloignement du paysage, au bord d'une rivière, on aperçoit le village de Perck entre Anvers et Malines. A gauche, le chiffre du maître. N. 119, C. D.

127. Le repos du berger ; il est assis à gauche au premier plan et garde deux vaches et un troupeau de moutons qui occupent tout le devant du tableau ; dans le fond des chaumières entourées d'arbres.

128. Petit portrait d'homme vu jusqu'aux genoux ; il est vêtu de noir et tient un papier à la main. La tête touchée avec un art et une facilité extraordinaires, se détache sur un fond clair. Ce tableau est une pastiche faite d'après un tableau du Titien, de la galerie de l'archiduc Léopold, dont Téniers avait pastiché tous les tableaux pour les faire graver. N. 123, C. D.

Ce recueil est connu sous le titre du *Théâtre des peintres de David Téniers*, etc. 1660, in-fol. de 246 estampes.

OSTADE (Adrien Van).

129. Paysan et paysanne hollandais. Ces deux tableaux qui sont sur bois, viennent de la col-

lection de M. Denon (n. 99), ils sont décrits
de la manière suivante.

« Si l'on a pu quelquefois donner le nom
« de diamant à certains tableaux de genre de
« l'école hollandaise, cette expression peut
« sans contredit s'appliquer aux deux ta-
« bleaux que nous allons décrire. Dans l'un
« on voit une jeune femme hollandaise,
« assise près d'une croisée à petits carreaux,
« qui laisse apercevoir des feuillages et la
« campagne; une de ses mains est négligem-
« ment placée sur le dossier de sa chaise, et
« de l'autre elle prend sur sa table un verre
« de bière. Sa tête, ajustée d'une coiffe blan-
« che, parfaitement éclairée, et de trois
« quarts, se détache sur un fond harmo-
« nieux ; une camisolle rouge, un corset noir
« et un tablier grisâtre produisent un effet
« heureux qui fait valoir les chairs. Dans
« l'autre on voit un paysan d'une physiono-
« mie gaie et spirituelle, assis près de sa
« table et bourrant sa pipe; une fraise blanche
« et un chapeau noir font valoir son teint
« animé; sa veste d'un violet foncé et son
« manteau gris, se détachent parfaitement sur
« un fond de muraille d'un ton chaud et
« harmonieux. »

130. Intérieur d'une basse-cour de ferme : une
paysanne est occupée à récurer un chaudron,
son enfant la regarde ; un coq et des poules
becquètent autour d'elle. Etude d'après na-

ture. Dans le coin à gauche la signature du maître. N. 101, C. D.

VELDE (Adrien Van de).

131. Une laitière hollandaise occupée à traire ses vaches. Précieux tableau de ce maître; il est sur bois et signé, et vient de la collection Denon, n. 125.

VERBECQ (Pierre).

132. Sur un chemin isolé, près d'une montagne, on voit un jeune homme s'apprêtant à monter sur l'un des deux chevaux qu'il conduit. Ce petit tableau sur bois, plein de vérité, est traité dans le style et la manière de Phil. Wouwermans. N. 127, C. D. *

ROTTENHAMER (Jean).

133. Un curieux missel renfermant huit tableaux sur bois encadré chacun dans des cadres en ébène, réunis avec une couverture en velours avec coins et milieu en cuivre; ils représentent des sujets de l'Ancien et du Nouveau-Testament qui sont : Adam et Ève séduits par le serpent, le père éternel leur reprochant leur faute; la crèche; Jésus baptisé par saint Jean; la Cène; le Christ en croix; la Résurrection; Jésus dans sa gloire foulant au pied le serpent. Ce missel provient du cabinet de M. Denon, n. 108 du catalogue qui dit :

« Ce morceau précieux a fait partie de « l'oratoire d'un pape; on a présumé qu'il

« avait été peint par un élève de Raphaël.
« Nous y avons retrouvé plutôt le pinceau et
« le goût de dessin de Rottenhamer. Ce pein-
« tre passa une grande partie de sa vie en
« Italie, et fut plus élégant et gracieux que la
« plupart des peintres allemands ; mais il
« conserve toujours un reste du goût de sa
« nation. Ce missel doit être considéré comme
« un morceau non seulement curieux par son
« origine, mais aussi remarquable par la per-
« fection des peintures. »

134. La Vierge, l'enfant Jésus et sainte Catherine.

HEMMLINCK.

135. Très beau triptyque sur bois et cintré, dont le milieu représente l'Adoration des rois, et les deux volets, l'Adoration des bergers et la Présentation au temple ; à l'un des volets au coin à droite, à terre, l'aigle à deux têtes. Cette armoirie semble indiquer que ce triptyque a pu appartenir à un souverain allemand.

LUCAS DE LEYDE.

136. La Circoncision. Un saint personnage guérissant des malades et en recevant paiement. Deux anciennes et curieuses peintures sur bois, forme de volets d'un triptyque.

137. Un chirurgien opérant un jeune homme. Tableau sur bois attribué à ce maître.

CRANACH (Lucas Muller, dit Luc de).

138. Une jeune fille dans le costume pittoresque et
singulier du quinzième siècle, tend ses deux
mains à un homme âgé qui la regarde en
souriant et qui va céder à ses sollicitations et
vider toute sa bourse. Ce morceau, très piquant par les caractères de tête, est parfaitement fini dans ses moindres détails : il est
aussi bien conservé, avantage assez rare dans
des productions aussi anciennes. Collection
Denon, n. 69*.

139. Une jeune et jolie fille vêtue dans le costume
allemand du quinzième siècle, tend la main
gauche à un vieillard qui la lui prend et lui
met un anneau au petit doigt. Tableau sur
bois.

KOBELL (Guillaume).

140. Un pacage. A droite, trois vaches et un berger
endormi. A gauche, une rivière que bordent
des pâturages où paissent divers animaux.
Tableau signé.

ECOLE FLAMANDE. 15e ET 16e SIÈCLES.

141. Composition de quatre figures; un jeune seigneur, sa dame accompagnée de sa suivante,
viennent visiter un pieux anachorète. Tableau curieux en forme de volet.

142. La Vierge tenant l'enfant Jésus dans ses bras.
Tableau sur bois.

143. Vierge et enfant Jésus couronnés par des anges.

144. La Vierge donnant le sein à l'enfant Jésus. Tableau sur bois.

145. Portraits de seigneur et dame, dans le riche costume du seizième siècle. Deux petits tableaux sur cuivre, forme ovale. Un porte la date 1592.

DESSINS ALLEMANDS, FLAMANDS ET HOLLANDAIS.

ALBERT-DURER.

146. Sujet mystique, un évêque et une religieuse. La marque du maître et la date de 1514. Dessin colorié, n. 616, c. d.

147. Vierge et enfant Jésus. Le chiffre et la date 1612. La gravure d'Albert Durer est jointe au dessin.

148. L'accouchement de la Vierge, le Christ au jardin des Oliviers, 1518, le Christ portant sa croix, le Christ descendu de la croix, 1521, et l'ensevelissement du Christ. Ces cinq dessins à la plume, n. 607. c. d. Cet article sera divisé.

149. La Vierge et l'enfant Jésus. Dessin à la plume.

REMBRANDT.

150. Les Juifs payant l'impôt; riche composition. Dessin à la plume lavé au bistre et à l'encre. N. 652, c. d.

151. Un lion au repos; il est couché et vu de pro-

fil. Dessin précieux à la plume, lavé au bistre. N. 656, c. d.

OSTADE.

152. Fête de village. Joli dessin à la plume, lavé au bistre et à l'encre. Cette composition rappelle le n. 47 de son œuvre gravé. N. 641. c. d.

153. Paysan en goguette. Aquarelle. Signé A. O.

JORDAENS (Jacques).

154. Tête de satyre. Belle étude d'une grande énergie. Dessin à plusieurs crayons.

POTTER (Paul).

155. Un taureau. Dessin à la plume et au bistre. N. 645, c. d. *

BLOEMAERT (Abraham).

156. La Vierge et l'enfant Jésus vu à mi-corps et sur un croissant. Dessin au bistre gravé dans le recueil de Ploos Van Amstel; il vient aussi de la collection de M. de Claussin.

157. Un ange jouant du luth. Dessin à la plume, lavé au bistre. Deux études de figures du cabinet Mariette. Trois dessins.

LUYKEN (Jean).

158. Les sauterelles couvrant les sept plaies d'Egypte. Dessin à la plume, lavé à l'encre. N. 636, c. d.

RADEMAKER.

159. Un paysage à la plume, lavé à l'encre.

7

VAN OS (M.)

160. Groupe de fruits. Aquarelle.

DIVERS MAITRES DE L'ÉCOLE HOLLANDAISE.

161. Paysage par Simon de Viegler. Étude à la sanguine, par Van de Velde. Deux dessins.

162. Andromède, par Goltzius. Marine, par Van de Velde. Deux dessins.

163. Monument d'architecture. Deux dessins à la plume, par Bibienna.

164. Christ en croix. Dessin lavé à l'encre de Chine et rehaussé de blanc. Ecole allemande du seizième siècle.

165. Un homme écrivant. Dessin à la plume, par Overlaet.

DIXIÈME VACATION.

DESSINS ET TABLEAUX DE L'ÉCOLE FRANÇAISE.

DESSINS.

166. Vue de Rome. Dessin à l'aquarelle par Nicolle.

167. Etude d'homme, dessin au crayon. Jeune fille assise, dessin au bistre. Deux dessins par Lépicié.

168. Deux dessins à la Sépia, d'après J.-J. de Boissieu, par Naudet.

169. Intérieur d'un temple à Rome, dessin à la plume
et lavé à l'encre de Chine et au bistre ; et
intérieur de jardin, à la sanguine. Deux dessins par Hubert Robert.

DUPLESSIS.

170. Halte de cavalerie. Dessin à l'aquarelle du cabinet de M. Bruzard.

171. Un paysage avec figure. Dessin lavé à l'encre
de Chine.

172. Marines et vues de mer. Quatre dessins à la
plume et lavés à l'encre par Lallemand. c. d.
n. 771.

LE PRINCE (Jean-Baptiste).

173. Vue de Grèce; au premier plan un groupe
d'Arméniens. Dessin lavé au bistre, signé et
daté 1777.

174. Les joueurs de palets. Dessin lavé au bistre.
Signé, et la date de 1780.

CASANOVE.

175. Cavaliers chargeant. Deux dessins.

176. Deux cavaliers. Dessins légèrement coloriés.

LEBRUN (Madame), née VIGÉE.

177. Portrait de femme. Dessin au crayon. Il est
signé.

WILLE fils (P. A.).

178. Intérieur d'un café. Dessin à la plume légèrement colorié.

COCHIN (Nicolas).

179. Un bal sous Louis XV. Dessin colorié.

VERNET (Joseph).

180. Une marine; au premier plan des pêcheurs. Dessin à la pierre d'Italie.

BOUCHER (François).

181. Tête de jeune fille gracieusement couchée sur un oreiller. Dessin à plusieurs crayons mêlés de pastel.
182. Une femme couchée. Dessin à plusieurs crayons.
183. Une jeune fille assise; un chat à ses pieds, derrière sa chaise un jeune homme lui fait une espiéglerie. Dessin à plusieurs crayons.
184. Etude d'une jeune fille. Dessin à plusieurs crayons.
185. Homme debout appuyé sur un bâton, près de lui deux chiens dont il tient un en laisse. Dessin au crayon rouge.

GREUZE (Jean-Baptiste).

186. La bénédiction paternelle. Beau dessin lavé à l'encre de Chine.
187. Cinq dessins. Etudes de têtes à la sanguine pour ses tableaux du Paralytique et de l'Accordée de village. Cet article sera divisé.
188. Jeune paysan vu jusqu'aux genoux. Dessin au crayon rouge.

TABLEAUX.

189 — Jeune fille vue jusqu'aux genoux ; elle tient un masque sur sa figure. Tableau par madame Laure B***.

190. Deux portraits présumés madame de Grignan et madame de Sévigné.

191. Portrait d'une jeune fille.

192. Les amours musiciens, peints sur panneaux provenant d'un dessus de piano.

193. Intérieur d'atelier. Un homme assis contemple un morceau de sculpture, connu sous le nom de l'enfant à la cage. Jolie esquisse portant une signature illisible et la date de 1784.

194. Portrait de Turenne, maréchal de France.

195. Portrait d'un maréchal de France, sous Louis XIV.

BILCOQ.

196. Intérieur où se voient trois figures ; forme ronde.

LANTARA.

197. Son portrait. Il est assis, occupé à peindre.

CHARDIN.

198. Jeune fille assise. Etude.

199. Vieille femme assise jouant de la vielle.

JOUVENET.

200. Jésus Christ guérissant les malades. Savante esquisse.

201. La descente de croix, d'après Jouvenet.

NATTIER.

202. Portrait d'une dame de la cour.

LARGILLÈRE.

203. Portrait d'une dame, entourée de ses enfants dans divers costumes allégoriques. Esquisse.
204. Mademoiselle Duclos, comédienne, morte en 1748. Ce portrait a été gravé par Desplaces.
205. Portrait d'homme.

CHAMPAGNE (Philippe de).

206. Portrait de femme, le cou couvert d'une riche guipure.

MIGNARD (Pierre).

207. Portrait présumé Marion Delorme; très fin d'exécution.
208. Portrait de dame, de la cour de Louis XIV, présumé mademoiselle de Fontanges.
209. Autre portrait de dame de la même époque.

JANET (Attribué à).

210. Portrait de Marie de Médicis. Tableau sur bois.

LE NAIN.

211. Près d'un puits et quelques monuments en ruines, on voit une famille de villageois groupée autour d'un tonneau, et qui vient d'achever son repas; les montagnes du fond sont éclairées par un soleil couchant. Bon tableau. N. 171, c. d.

212. Intérieur hollandais. Au milieu, une paysanne assise tenant un enfant sur ses genoux, près d'elle son mari devant une cheminée ; à gauche, dans l'embrasure d'une porte, une jeune fille un seau sous le bras ; à droite, un chat, des légumes et divers ustensiles de ménage. N. 172, c. d. *

PATER.

213. Bergère endormie, derrière elle un berger orne sa houlette de fleurs. Gracieux tableau sur bois.

WLEUGHEL (le chevalier).

214. Composition spirituelle tirée du conte du Bât, de La Fontaine ; elle est traitée en esquisse. Tableau sur bois. N. 126, c. d.*

215. Répétition du même sujet, différemment composé. Tableau sur bois, signé et daté 1735.

HUE (J. F.)

216. Le passage à gué par une jeune paysanne assise sur son âne, précédée de son troupeau, et à côté d'elle un paysan jouant de la flûte ; sur un plan éloigné, quelques fabriques situées sur des montagnes et des rochers. Bon tableau fin de ton. N. 162, c. d.

BOURDON (Sébastien).

217. Sainte Famille. Précieux tableau sur cuivre, qui peut rivaliser pour le fini de l'exécution avec ceux des peintres hollandais. N. 140, c. d. *

218. Artémise, veuve du roi Mausole, boit les cendres de son époux.

Le jugement de Pâris. Ces deux bons tableaux de forme ronde font pendant; ils viennent de la collection du marquis de Calvière.

LE BRUN (Charles).

219. Le Christ descendu de la croix, entouré de saintes femmes éplorées. Très bon tableau du maître. N. 142, c. d. *

VANLOO (Michel).

220. Portrait de Carle Vanloo.

VOUET (Simon).

221. La famille du satyre.

BOUCHER (François).

222. La leçon de flûte.

223. Trois enfants dans un paysage; ils sortent des oiseaux d'une cage.

224. L'abreuvoir. Paysage orné de diverses figures.

225. Gracieux sujet représentant une jeune femme venant de sortir du bain; près d'elle, un enfant et un cygne. Ce tableau, des plus agréables, nous semble représenter Jupiter et Léda.

226. Une bergère endormie dans une pose gracieuse, devant elle un berger debout la regarde.

227. Amours dans des paysages. Deux tableaux de forme ovale genre de Boucher.

METTAY,

228. Vénus entourée d'amours. Bon tableau dans le goût de Boucher.

229. Hercule près d'Omphale. Tableau dans la manière de Boucher.

WATTEAU (Ecole de).

230. Dans un charmant paysage, un homme et une femme dansent au son de la flûte, dont joue un crispin assis près d'autres personnages; dans le fond, une escarpolette. Tableau gravé sous le titre du Plaisir pastoral.

231. Dans un paysage, une jeune fille assise à laquelle une femme offre des fruits. Genre de Watteau.

232. Scène pastorale. En avant d'un bouquet d'arbres, au premier plan, un jeune homme prend la main d'une jeune fille, qui se cache la figure avec un éventail; près d'elle, une autre jeune fille; dans le fond, plusieurs groupes.

233. Mascarade. Cinq figures à mi-corps, un sganarelle, un cassandre, un nègre et deux femmes. Tableau sur bois.

WATTEAU (de Lille).

234. Les plaisirs champêtres. A droite de la composition, un concert, dans le fond des danses.

LEMOINE.

235. Une bacchante endormie; elle est surprise par un satyre. Tableau d'une couleur agréable.

236. Une femme assise jouant de la guitare, à ses pieds, un jeune homme l'écoutant ; derrière ce groupe un enfant jouant de la flûte. Tableau attribué à Lemoine.

DUMONT (J).

237. Deux sujets tirés du *Roman comique* de Scarron. La Rancune coupe le chapeau de Ragotin (t. 1ᵉʳ, chap. 10).

Un serrurier coupe le pot de chambre pour dégager le pied de Ragotin (t. 2, c. 8). Ces deux tableaux peints en 1727-28, sont dans la manière de Pater, qui a fait les autres tableaux de cette suite qui a été gravée.

DETROY.

238. Femme assise, à laquelle un homme montre un plan ; plus loin un port où des hommes travaillent à des constructions maritimes. Signé, et daté 1770.

LEBRUN (Madame).

239. Portrait de femme.

JOUVENET (attribué à).

240. La Vierge et l'enfant Jésus sur des nuages, saint François en acte d'adoration. Bon tableau.

NATTIER.

241. Madame de *** en Diane.

241 bis. Une jeune fille dans une campagne.

LAJOUE.

242. Scènes pastorales. Le Nid d'oiseaux, les Pêcheurs. Deux tableaux pendants.

ÉCOLE FRANÇAISE.

243. Madame Favart, actrice, dans le rôle d'Annette,
dans *Annette et Lubin*.
244. Marie Lesczinska de Pologne, reine de France.
245. Un templier prenant l'habit. Esquisse par Vin-
cent.
246. Pomone et Zéphyrs répandant des fleurs. Esquisse pour un plafond.
247. Diane et Ascagne. Esquisse.
248. Jeune femme vue à mi-corps, minaudant; elle
est coquettement vêtue, des plumes dans ses
cheveux. Tableau dans la manière de Raoux.
249. Une frise, jeux d'enfants, par Sauvage, dans
la manière de Boucher.
250. Tête de jeune garçon, d'après Greuze.
251. Une tête de jeune fille, d'après Greuze.
252. École Française, 1713. Scène de famille. Portraits d'homme et femme en pélerins, vus
à mi-corps.
253. Scène pastorale, dans le goût de Lancret.

ONZIÈME VACATION.

DESSINS ET TABLEAUX DE L'ECOLE FRANÇAISE.

DESSINS.

254. Quatre dessins par Bouchardon, 1743; arlequin, par Watteau. Dessin à la plume.

255. Trois dessins, par Lesueur, Verdier, Boichot.

256. Deux dessins à la plume et au lavis, par Lafage.

257. Portrait d'une jeune fille vue à mi-corps. Gracieux dessin à plusieurs crayons, dans le goût de Carmontel.

258. Des blessés secourus. Dessin au bistre, attribué à Callot, 714. c. d. *

259. Translation à Liége du corps de saint Lambert, évèque de Tongres. Dessin par Delarue.

260. Sainte Famille. Dessin au crayon rouge, lavé à l'encre, par S. Bourdon.

BOURGUIGNON (Jacques Courtois, dit le).

261. Combats de cavalerie. Etudes de têtes de chevaux, quatre dessins, en forme de frises. N. 706, 709. c. d.

BOISSIEU (Jean-Jacques de).

262. Fabriques italiennes, au bord d'une rivière. Dessin d'après nature, légèrement colorié. Il est signé.

263. Dessin au lavis, représentant cinq buveurs. N. 696. c. d. *

FRAGONARD (Jean-Honoré).

264. La confidence. Dessin lavé au bistre.

265. Le coucher des ouvrières. Dessin lavé au bistre.

266. Etude d'homme assis, dessiné d'après nature à Rome. Dessin au bistre.

267. Satyre lutiné par des amours. Dessin au bistre.

268. Femme assise, vêtue d'une espèce d'amazone. Gracieux dessin, lavé vigoureusement au bistre.

269. La prière au grand-père. Dessin lavé au bistre.

270. Trois figures, un homme et deux femmes dont l'une a les pieds dans l'eau. Composition à l'imitation de Watteau, dessin à la sépia.

271. Le sultan, la jeune mère. Deux dessins lavés au bistre.

272. Sacrifice à la rose. Dessin au bistre.

273. Le débat amoureux. Dessin à la gouache, d'un ton très vaporeux.

GREUZE.

274. Tête de jeune fille. Dessin aux deux crayons.

275. Tête de vieille femme. Dessin aux deux crayons.

276. Tête de jeune fille. Gracieux dessin à plusieurs crayons et légèrement estompé.

WATTEAU (Antoine).

277. Tête de femme. Dessin au crayon noir et rouge.

278. Tête de Nègre. Dessin au crayon noir et
rouge.

279. Trois jolies têtes de femmes. Beau dessin au
crayon rouge et noir.

TABLEAUX.

BOUCHER.

280. Portrait de F. Boucher, peintre, vu en buste
et coiffé d'un chapeau.

281. Amour s'enlevant dans les airs; il tient à la
main le grelot de la Folie. Attribué à Boucher.

282. Les trois grâces. Esquisse.

283. Bacchus enfant porté par deux amours. Ce
groupe est gracieusement enlacé de fleurs.

284. Dans un paysage, une jeune fille, un panier
sous le bras, tient par la main un jeune
paysan. Tableau de forme ronde. Ecole de
Boucher.

285. L'enlèvement de Psyché. Grand tableau, esquisse.

286. Trois amours, dont deux assis sur des nuages
se disputent une colombe; un troisième s'en-
vôle avec une dans ses mains. Tableau de
forme ronde, il est signé : Boucher, f. 1741.
Beau tableau du maître...

287. Une jeune fille, aux pieds de laquelle vient se
jeter un jeune homme qui vient d'échapper
au naufrage. Ecole de Boucher.

LEDOUX (Mademoiselle).

288. Une jeune fille, assise près d'une table, occupée à dessiner. Charmante imitation de Greuze, son maître.

BOURGEOIS (Constant).

289. Entrevue de Napoléon et du prince Primat, à Aschaffenbourg, le 1er octobre 1806 ; les figures de ce tableau sont par M. Debret.

GROS.

290. Génies jetant des fleurs. Deux études pour le plafond de l'église Sainte-Geneviève.
291. Etude de la tête de Murat, dans la bataille d'Eylau. Attribuée à Gros.

TURPIN DE CRISSÉ (M. le comte).

292. Intérieur d'un cloître, en Italie. Joli petit tableau, d'une grande finesse de ton.

OUVRIE (M. Justin).

293. Vue du pont et de la ville de Pontoise. Signé et daté 1831.

BERGERET (M).

294. Alexandre présente à Napoléon les Cosaques, les Baskirs et les Kalmoucks de son armée, (8 juillet 1807). Répétition en petit du tableau qui est dans les galeries historiques de Versailles.

PRUDHON (Pierre-Paul).

295. L'Etude. Une femme assise tenant un livre, près d'une table où est une sphère. Esquisse.

296. Cléopâtre à demi couchée sur un lit antique; à terre, un réchaud et un poignard instrument de sa mort. Esquisse attribuée à Prudhon.

TAUNAY.

297. La fontaine. Dans un riche paysage site d'Italie une fontaine antique où diverses jeunes filles viennent puiser de l'eau.

298. Un péristyle d'un monument romain. Au premier plan, sur une colonne, une affiche où on lit : *Théâtre des mœurs, le Jaloux*, ce que fait remarquer une jeune femme à un jeune homme sur lequel elle s'appuie; dans le fond, diverses autres figures.

ROBERT-LEFEVRE.

299. Portrait du pape Pie VII, représenté en buste et de trois quarts. Signé et daté 1805.

SWEBACK, dit DESFONTAINES.

300. Halte de chasse. Dans un bois plusieurs hommes et femmes font collation; dans le lointain, à gauche, une voiture et plusieurs promeneurs. Signé et daté 1801.

MEYNIER.

301. Le maréchal Ney rendant aux soldats du

76e de ligne leurs drapeaux retrouvés à Ins-
pruck. Esquisse du grand tableau qui est à
Versailles.

302. Etude de plafond. Esquisse.

DEBRET (M.).

303. Napoléon rend honneur au courage malheureux
(6 novembre 1805). Répétition en petit du
grand tableau à Versailles. Signé, Debret.

VERNET (M. Horace).

304. Portrait en pied de M. Peifer, capitaine de
lanciers de la garde impériale. Ebauche.

DROLING (Martin).

305. La bonne nouvelle. Un vieillard assis sur son
séant, et entouré de ses enfants, lit avec joie
une lettre à laquelle prend part toute sa famille; les détails et accessoires de mobilier
et de ménage sont touchés avec esprit. Ce
tableau est une des meilleures productions
du talent de Droling. Collec. Denon N. 151.
Lithographié dans l'ouvrage.

306. Musiciens ambulants à la porte d'une chau-
mière. Joli tableau fin de ton; il est sur bois.

307. La parade de la foire. Joli tableau de forme
ronde, du meilleur temps du maître.

308. Jeune fille assise à une table placée devant
elle et où se voit une guitare; dans le fond
d'une autre chambre, une jeune fille à la
croisée.

DEMARNE.

309. Intérieur d'une grange. Une jeune paysanne assise ; près d'elle, son mari fait jouer l'enfant qu'elle tient sur ses genoux. Bon tableau du maître.

BERTON.

310. Daphnis et Chloé. Tableau sur bois.
311. Ganymède. Tableau sur bois.
312. Portrait de feu M. Aubourg, antiquaire, attaché autrefois au musée.

DUPLESSIS.

313. Halte militaire. Deux petites esquisses.

BIDAUT (M.).

314. Vue prise en Italie, aux environs de Subiaco. Esquisse d'après nature.
315. Vue en Italie. Tableau fin d'exécution.

MALLET (Jean-Baptiste).

316. Le serment. Deux amants se tenant enlacés, vont écrire sur l'écorce d'un arbre le serment de s'aimer toujours. Gracieuse esquisse.

CASANOVE.

317. Marche de cavalerie. Tableau en forme de frise.

ROBERT (Hubert).

318. Intérieur d'un temple de riche architecture. Tableau ovale.
319. Vue d'un parc.

320. Cascade à Tivoli.

321. Site montagneux. Une rivière coule entre des rochers. Tableau sur bois, animé de figures et d'animaux. Il fait pendant du précédent.

322. Vue de la colonnade du Louvre, s'apercevant au travers d'une allée d'arbres au premier plan.

323. Riche paysage. Au premier plan, Louis XIV à cheval, auquel on présente un plan. Ce tableau est composé dans le goût de Vander Meulen.

MARLET (M.).

324. Le coup de vent sur le pont Royal.

DUCLOS (Artiste Lyonnais).

325. Vue du pont et d'une partie de la ville de Châlon-sur-Saône.

DEBUCOURT.

326. Le départ des Suisses en 1793. Tableau sur bois.

GAUFFIER.

327. Scènes de famille et portraits. Trois petites esquisses faites à Rome.

328. Six petites esquisses, portraits de généraux et autres personnages historiques de la Révolution française.

FRAGONARD.

329. Tableau gravé sous le titre du Sacrifice de la rose. Cette production des plus terminées de

cet artiste, joint à un dessin agréable, le charme de la couleur et l'effet. N. 153.

C. D.

330. Pygmalion amoureux de sa statue. Charmante esquisse de ce maître.

331. La résistance. Sujet de deux figures.

332. Paysage avec ruines, et marche de bergers et leurs troupeaux.

333. Paysage avec figures, sur un tertre un berger, une bergère, leur chien, et plus loin leurs troupeaux.

334. L'amour. Esquisse forme ronde.

ÉCOLE FRANÇAISE.

335. Un chasseur, son fusil sous le bras. Tableau sur bois; signé Barboult.

336. Un chien de l'espèce dite roquet; il est debout sur un coussin de velours rouge. Tableau signé Quadal.

337. Portrait d'homme, par Benoist Rigaud, en 1715.

DOUZIÈME VACATION.

DESSINS DE COSTUME ET FAITS HISTORIQUES, PORTRAITS ET SUJETS, MINIATURES, FIXÉS, PASTELS, PEINTURES CHINOISES ET INDIENNES, MANUSCRIT, ETC.

DESSINS.

338. Un portefeuille contenant des dessins, traits et croquis, par Laffitte, Fragonard, Denon, etc. pour médailles à exécuter sur les évènements de l'Empire.

339. Intérieur de Saint-Pierre de Rome, de la grotte de Pausilippe. Trois traits lavés et coloriés à la manière des dessins, par Dupré, architecte.

340. Vue d'un château d'Angleterre. Aquarelle.

341. Vue d'une ville d'Italie, dessin à la sépia, par un artiste moderne italien.

342. Le passage des Alpes, vue de la ville de Vienne, vue d'Italie, Saint-Charles Boromée, entrée de Napoléon à Berlin. Cinq dessins par Martinet et Zix.

343. Prise d'Ulm, serment des Saxons à l'Empereur, arc-de-triomphe, batailles en Espagne, Mont Saint-Bernard. Dessins par Martinet et Zix.

344. Vues, batailles, faits historiques sous l'Empire, etc. Dessins par Martinet, Bourgeois, Zix, Lemire jeune et autres artistes. Cet article sera divisé.

DENON (Dominique Vivant, baron),

Peintre, graveur et directeur du musée sous l'empire.

345. Dessins, portraits, sujets divers, croquis de souvenirs de voyages en Egypte, en Allemagne, en France et autres lieux. Plusieurs de ces dessins à la plume et à l'aquarelle, lavé à l'encre de Chine. Cet article formera plusieurs lots.

346. Quatre-vingts dessins, croquis à la plume, au lavis, à l'aquarelle, portraits, costumes, scènes diverses, par M. Vivant Denon, et quarante autres dessins par Alavoine, Bourgeois, Zix, Ramberg, Laffitte, Saint-Aubin, Bartsch, Martinet, Knip, La Belle, Le Prince et M. Charlet. En tout cent vingt dessins réunis en un vol. in-fol. oblong, relié en veau gaufré.

GRENIER (M.).

347. Bonaparte, général de l'armée d'Italie, entouré de ses aides-de-camp, donnant des ordres. Dessin à la plume et au bistre.

GRANET (M.).

348. Vue de San-Pietro in Montorio, à Rome. Dessin lavé au bistre. C. D. N. 864.

TAUNAY.

349. Bataille en Italie. Dessin à l'encre de Chine.

ALAVOINE (architecte).

350. Dessins à l'aquarelle, croquis pour la fontaine

de l'Eléphant qui devait être exécutée à la
place de la Bastille, 10 pièces, de ce nombre,
trois gravures d'après les dessins.

TURPIN DE CRISSÉ (M. le comte).

351. Château de Burgos. Dessin lavé au bistre.

PERCIER (Attribué à).

352. Galerie des Antiques du Musée royal avant
1816. Salle des cariatides. Dessin à la plume
lavé au bistre.

LAFITTE.

353. L'Empereur accorde à la princesse de Hatz-
feld la grâce de son mari. Dessin à la plume
lavé et rehaussé.

MARTINET.

354. Arrivée de l'empereur Napoléon au palais du
Corps législatif, 1811. Dessin au bistre.

ZIX (Benjamin).

355. Vues de Paris. Projet d'un obélisque sur le
pont Neuf, d'un arc de triomphe et d'un
pont sur la Seine, en face l'Ecole militaire.
Trois dessins au bistre.

356. M. Denon en Espagne, remettant dans leurs
tombeaux les restes mortels du Cid et de
Chimène; il est accompagné de M. Zix, artiste et d'un Espagnol, la scène se passe dans
l'intérieur d'une chapelle gothique. Dessin
lavé au bistre et à l'encre.

357. Vue d'un projet de monument à élever sur le terre-plain du pont Neuf. Dessin à la sépia.

358. Mariage de l'empereur Napoléon et de Marie Louise, 2 avril 1810. Le dessin représente le cortége dans la galerie du musée qui conduisait à la chapelle, élevée dans le grand salon. Cette galerie avait été ouverte dès dix heures du matin, à quatre mille dames dans tout l'éclat de la parure la plus brillante, et le même nombre d'hommes était placé sur le passage du cortége. Dessin lavé au bistre.

359. Sujets allégoriques relatifs à M. Denon ; visite de personnages étrangers, à la salle du Musée des Antiques. Six dessins au bistre et à l'aquarelle.

360. Intérieur d'une grande salle au temps de François Ier; il y est représenté avec Marguerite de Navarre sa sœur. Dessin à la plume et au bistre.

361. Une rue à Gênes. Dessin au bistre.

BOURGEOIS (Constant).

362. Inauguration de la rade de Cherbourg et vue de la plage avant les travaux. Deux grands dessins lavés au bistre, le premier orné d'un grand nombre de figures par Zix.

363. Vue du pont et de la ville de Châlon-sur-Saône. Grand dessin lavé au bistre. Signé 1810.

364. Vue de San-Pietro in montorio à Rome, et fabriques italiennes ; autre vue d'Italie et

vue de jardin. Cinq dessins à la sépia. Cet article sera divisé.

MELLING.

365. Intérieur d'un café turc. Dessin colorié fait d'après nature à Constantinople où M. Melling a long-temps séjourné.

GIRODET (Attribué à).

366. L'empereur Napoléon et l'empereur Alexandre visitant les bivouacs après le traité de Tilsitt en 1807. Dessin très terminé, au crayon les initiales G R D enlacées et la date de 1808.

FRAGONARD (fils).

367. Napoléon reçoit la reine de Prusse à Tilsitt, le 6 juillet 1807. Dessin très terminé au crayon.

368. Les soldats russes et français fraternisent après le traité de Tilsitt en 1807. Dessin très terminé au crayon.

369. Sujet allégorique. Dessin très terminé et rehaussé en grisaille.

PRUD'HON. (Pierre Paul).

370. Portrait du roi de Rome. Dessin au crayon sur papier bleu et rehaussé pour la gravure de Roger qui y est jointe.

VERNET (Carle).

371. Cheval effrayé par la foudre. Dessin au crayon noir rehaussé. Il est gravé par Debucourt.

372. Sujet de chasse. Dessin à la plume, lavé au bistre, en forme de frise. Il est signé.

C. VERNET et M. ISABEY.

373. Revue du premier consul Bonaparte dans la cour des Tuileries (1800). Dessin lavé à l'encre de Chine et au bistre. Signé des deux artistes.

ISABEY (M.)

374. L'empereur Napoléon et l'impératrice Joséphine en costume du sacre. Deux dessins à l'aquarelle.

375. Vingt costumes pour le sacre de l'empereur Napoléon, dont celui de l'empereur, dame du palais, maréchal, grand'-maître des cérémonies, colonel-général de dragons, colonel-général de hussards, procureur général, inspecteur général de l'artillerie, roi d'armes, ministre d'état, sénateur, député, membre du tribunat, huissier du palais, officier de la maison de l'empereur, premier, deuxième et troisième grade. Plusieurs de ces costumes dessins à l'aquarelle; les six derniers coloriés sur l'eau-forte, tous signés Isabey, et approuvés par M. de Rémusat. Il y est joint un extrait de la minute de la sécrétairie du Conseil d'état qui fixe le costume de l'empereur pour la cérémonie du sacre.

MINIATURES, PASTELS, FIXÉS ET PEINTURES CHINOISES ET INDIENNES.

376. Portrait d'un prélat. Miniature.

377. Tabatière avec le portrait de Prévôt ganté. Un dessin, jeune fille et satyre.

378. Trois fixés, paysages et marine. Imitation de Wouwermans, Vernet et Berghem.

379. Une tabatière avec une aquarelle grisaille, portrait de Louis XVI, Marie-Antoinette et le dauphin.

380. Tabatière en écaille avec fixé paysage. Tabatière avec aquarellle, trois amours sur des dauphins.

381. Sujets de la fable. Trois peintures sur papier, de forme ronde, pour fixés, par Mallet.

382. Deux très jolies gouaches dans le goût de Watteau, sur vélin; elles représentent des scènes du théâtre italien.

383. L'Amour essayant ses flèches. Gouache dans le goût de Mallet.

384. Deux miniatures. Portraits de femme.

385. Portrait de femme. Miniature.

386. Portrait en buste de Louis XV. Ecole française. Pastel.

387. Borée et Orythie, et Angélique et Médor. Deux charmantes miniatures.

388. Daphnis et Chloé. Jolie miniature d'après Gérard.

389. Deux jolies miniatures : une bergère, et Louis XV en costume de domino.

390. Madame Victoire, fille de Louis XV. Jolie miniature.

391. Touron, émailleur. Portrait peint sur émail.

392. Beau manuscrit du quinzième siècle. Livre d'heures, orné d'un grand nombre de jolies miniatures ; le calendrier orné de vignettes tout autour, et chaque feuille du livre ornée de fleurs et d'oiseaux. Reliure du temps, en veau, fers à froid. Bien conservé.

393. Adoration des Rois et Christ en croix. Deux miniatures anciennes provenant d'un missel et d'un livre d'heures.

394. Miniatures indiennes représentant des princes indiens. Ces portraits au nombre de quarante-sept avec leurs noms sur chacun d'eux, et une table manuscrite en hollandais ; le tout relié en maroquin rouge avec fers dorés, reliure du pays, et bien conservé. Recueil très curieux et rare.

395. Intérieurs, costumes et scènes de mœurs et professions. Seize miniatures indiennes très curieuses et bien conservées. Cet article sera divisé.

396. Peintures chinoises. Deux sujets, intérieurs d'appartements.

397. Dessins chinois coloriés, oiseaux, fleurs, intérieurs, les métiers, les supplices, etc. Quinze pièces dont deux très grandes pour stores.

HALL, *peintre de portrait, né en Suède, en 1725.*

398. Portrait d'homme, miniature.

399. Portrait de femme. Gracieuse miniature.

400. Deux miniatures. Portraits de femmes.

401. Une tabatière en écaille, dessin du portrait de
   M. Clermont d'Amboise, ambassadeur à
   Naples auprès duquel M. Denon remplit les
   fonctions de chargé d'affaires.

402. La duchesse de Courlande. Belle miniature.

CHARLIER, *peintre à gouache et en aquarelle,*
à Paris, en 1780.

403. Sommeil de Diane, et une jeune femme couchée près d'elle : un panier de fleurs semble
   désigner Pomone. Deux charmants dessins à
   l'aquarelle et à la gouache.

404. Léda. Gracieuse aquarelle de forme ovale. Composition dans le goût de Boucher.

405. Psyché et l'Amour, et groupe de nymphes et
   d'amour. Deux dessins ovales à l'aquarelle et
   à la gouache.

406. Vénus et l'Amour. Miniature.

407. Deux miniatures : Vénus accompagnée de
   l'amour ; femme couchée jouant de la flûte ;
   l'Amour lui apporte une couronne de roses.

ROSALBA CARRIERA, *vénitienne, née en 1675,*
morte en 1757.

408. Son portrait ; la tête vue de face et de grandeur naturelle. Beau pastel, collection Denon, n. 343, qui l'avait rapporté de Venise.

LA TOUR (Maurice-Quentin de), *peintre de portraits*.

409. Femme vue en buste, des fleurs dans ses cheveux ; beau pastel.

410. Vénus et le berger Pâris. Dessin à la gouache, par un maître français de la fin du dix-huitième siècle.

* * *

TREIZIÈME VACATION.

ESTAMPES ANCIENNES ET MODERNES, LIVRES A FIGURES ET SUR LES ARTS.

ESTAMPES.

411. La bataille d'Eylau ; divers portraits, W. Scott, Crabb, la reine Hortense, et pièces de l'ouvrage de M. Denon. Huit pièces encadrées.

412. Dix estampes et lithographies encadrées : Napoléon à Sainte-Hélène ; diverses lithographies de l'ouvrage de M. Denon ; portraits de Gros et de M. Auber, etc. Cet article sera divisé.

413. Diverses estampes d'après Watteau, Jeaurat, Chardin, Pater, Boucher et autres maîtres français au dix-huitième siècle. Cet article sera divisé.

414. Six vignettes d'après Girodet ; quatre pour Anacréon, gravées par Girardet. Epreuve avant la lettre.

415. *Illustration of tales of my landlord*, d'après
Stothard, diverses vignettes anglaises. Onze
pièces.

416. Portrait en pied et assis de Louis XVII. Gravé
en couleurs par Levacher.

417. Ossian, d'après Gérard, par Godefroy.

418. Portrait en pied de Christophe Colomb, d'après
Vélasquez, par Fosseyeux.

419. Portraits de mademoiselle Mars, d'après Gérard, et de Talma, d'après Picot. Deux estampes par Lignon, épreuves avant la lettre.

420. Christ mort, d'après Michel-Ange de Caravage. Gravé par Godefroy pour le musée
Robillard, épreuve avant la lettre.

421. La mort de Socrate, d'après David, par Mas-
sard père.

422. Le serment des Horaces, d'après David, par
Morel.

423. La famille malheureuse. Lithographie par
Prud'hon.

424. La justice divine poursuivant le crime, d'après
Prud'hon, par Roger. Epreuve avant la lettre.

425. Euphrosine et Mélidor, par Prud'hon qui a
gravé l'eau-forte de cette estampe, que Roger a terminée. Epreuve avant la lettre.

426. Le triomphe de Trajan; deux figures allégoriques. Trois pièces lithographiées d'après
Prud'hon.

427. Zéphyr, d'après Prud'hon, par M. Laugier.

428. La nativité, les apôtres, sujets de la fable,
gravés par Goltzius, Saeredam, de Gheyn,
Sadeler et autres graveurs flamands. Cet article formera plusieurs lots.

429. La résurrection, gravée par Manteigne.

430. La passion de Jésus Christ; suite de trente-six
pièces et le titre gravés en bois par Albert
Durer. Très belles épreuves reliées en basane, ancienne reliure aux armes.

431. La vie de la Vierge; suite de vingt pièces gravés en bois par Albert Durer. Très belles
épreuves sans texte au verso; plus deux pièces : l'Adoration des Mages, 1511; et la
Vierge assise avec l'enfant Jésus. Un vol. in-
fol., rel. en basane aux armes; ce vol. et le
précédent viennent du cabinet Zanetti.

432. L'enfant prodigue, par Albert Durer.

433. La vie de la Vierge, gravée par Marc-Antoine,
d'après les gravures en bois d'Albert Durer.
Dix-sept pièces, belles épreuves; in-fol., vélin
blanc. Rare.

434. La Passion ; trente-six pièces et le titre,
par Marc-Antoine, d'après les gravures
en bois d'Albert Durer. Très belles et rares
épreuves avant les numéros; un vol. petit
in-fol., vélin blanc.

435. Le *Quos-Ego*, d'après Raphaël, par Marc-
Antoine. Belle épreuve du deuxième état.

436. Vénus et l'Amour, par Marc-Antoine (311).
Belle épreuve.

437. Vénus et l'Amour portés sur des dauphins,

d'après Raphaël, par Marc de Ravenne (B. 324). Belle épreuve.

438. Estampes de l'école italienne, par Marc-Antoine, Mantuan et autres graveurs, d'après Michel-Ange, Raphaël, etc. Vingt pièces.

439. Le dieu Pan, gravé par Augustin Carrache (B. 116). Très belle épreuve d'une jolie pièce du maître ; plus une eau-forte de Parmesan.

440. La sainte Famille, d'après Raphaël, par G. Edelinck. Belle épreuve avant les armes de Colbert.

441. Le charlatan (B. n. 129), la petite fiancée juive (342) et têtes de femmes (365). Trois pièces gravées par Rembrandt. Belles épreuves.

442. L'Epouilleuse (B. n. 35). Belle épreuve d'une pièce rare, gravée par A. V. Ostade.

443. La Fornarina, maîtresse de Raphaël, peinte par ce maître ; gravée par R. Morghen. Rare épreuve avant la dédicace, dite ainsi avant la lettre.

444. La Vierge à la chaise, d'après Raphaël ; gravée par J. G. Muller, père. Rare épreuve avant toute lettre, gravée pour le musée Robillard.

445. Portrait de J. G. Wille, d'après Greuze, par J. G. Muller. Epreuve avant la lettre, rare.

446. La Vierge au poisson, d'après Raphaël, par M. le baron Desnoyers. Epreuve avant la lettre.

DENON (Dominique-Vivant Baron).

447. Son œuvre gravée, dont pièces diverses d'après les grands maîtres d'Italie, la Descente de croix, d'Annibal Carrache; l'Adoration des bergers, d'après Luc Giordano (son morceau de réception à l'Académie, en 1787); sujets divers d'après Paul Potter, Van de Velde; les Lions d'après Quadal; Sangliers d'après Snyders; des portraits, costumes de la République française, et quantité d'autres pièces dont il sera formé des lots.

LIVRES A FIGURES ET SUR LES ARTS.

448. Monuments des arts du dessin chez les peuples tant anciens que modernes, recueillis par le baron Denon, pour servir à l'histoire des arts, lithographiés par ses soins et sous ses yeux; décrits et expliqués par M. Amaury Duval. Paris, Didot, 1829, 4 vol in-fol., pap. vél., avec 315 planches.

> Recueil intéressant : le premier volume spécialement consacré à l'histoire des arts du dessin chez les différents peuples du monde; les trois autres se rapportent à l'histoire de la peinture en Europe, depuis l'époque de la renaissance des arts.

449. Une très grande quantité de défects de cet ouvrage, sera vendue par lots sous ce numéro, et au commencement de chaque vacation.

450. Description de médailles antiques, grecques et romaines, par Mionnet. Paris, 1806 à 1813. 7 vol. dont un de planches. demi-rel. Sup-

plément, les vol. 1, 2 et 3, brochés. De la
rareté des médailles, 1827. 2 vol. demi-rel.

451. OEuvres de Bernard de Palissy, avec dés notes
par Faujas de Saint-Fond et Gobet. Paris,
1777, in-4, veau.

452. Histoire de la Peinture sur verre, par Ber-
trand. Paris, in-4.

453. Storia pittorica della Italia dell ab. L. Lanzi.
Bassano, 1809. 6 vol. in-4, broché.

454. Entretiens sur les vies des peintres; par Féli-
bien. Paris, 1725. Six vol. in-12, veau.

455. Vies des peintres flamands et hollandais, par.
Descamps. Paris, 1753-63. Quatre vol. in-8,
bas.

456. Dictionnaire des peintres espagnols, par Quil-
let. Paris, 1816, in-8, broché.

457. Essai sur les nielles, gravures des orfèvres florentins du quinzième siècle, par Duchesne
aîné. Paris, 1826, in-8.

458. Notices générales des graveurs et peintres, par
Huber. Leipsick, 1787, in-8.

459. Voyage en Italie, par Delalande. Paris, 9 vol.
in-12, veau.

460. Essay on the origin, history and principles of
gothic architecture. London, 1813, in-4, fig.
mar. bleu, dentelles, tr. dor.

461. Costumes de la Chine en 60 gravures avec des
explications, par Masson. Londres, 1800, in-4,
pap. vélin, fig. coloriées, cuir de Russie.

462. Guide de la ville de Florence et de ses envi-

rons, et de sa galerie. Florence, 1837, in-8, cart.

463 The Indu pantheon by Edward. Moor. London, 1810, in4-, fig., cuir de Russie.

464. Mémoires du maréchal de Grammont, in 4, avec portraits. 1 vol., mar. rouge, tr. dor.

465. Voyage dans la Basse et Haute-Egypte, pendant les campagnes du général Bonaparte, par Viv. Denon. Paris, 1802, 2 vol. gr. in-fol. (141 pl.), pap. vélin, cart.

— Le même ouvrage. Planches in-fol., texte in-4, 2 vol., cart.

466. Faust, d'après les dessins de Retsch, par Murey, 26 pl. in-4, lithographiés; plusieurs exemplaires.

Un grand nombre de bordures dorées pour tableaux et dessins seront vendus au commencement de chaque vacation.

Imprimerie de Maulde et Renou, rue Bailleul, 9 et 11.   98